股权合伙
整体解决方案

李春佳◎著

海量干货
股权合伙工具箱
模板·范本·方案
一网打尽

中国经济出版社
CHINA ECONOMIC PUBLISHING HOUSE
·北 京·

图书在版编目（CIP）数据

股权合伙整体解决方案/李春佳著．--北京：中国经济出版社，2018.3（2022.10重印）

ISBN 978－7－5136－4980－3

Ⅰ.①股… Ⅱ.①李… Ⅲ.①股份有限公司－企业管理－研究 Ⅳ.①F276.6

中国版本图书馆CIP数据核字（2017）第272085号

责任编辑 宫 伟 高晓晔
责任印制 巢新强
封面设计 任燕飞设计室

出版发行 中国经济出版社
印 刷 者 北京科信印刷有限公司
经 销 者 各地新华书店
开 本 710mm×1000mm 1/16
印 张 16.75
字 数 222千字
版 次 2018年3月第1版
印 次 2022年10月第18次
定 价 58.00元
广告经营许可证 京西工商广字第8179号

中国经济出版社 网址 www.economyph.com 社址 北京市东城区安定门外大街58号 邮编 100011
本版图书如存在印装质量问题，请与本社销售中心联系调换（联系电话：010－57512564）

前言 PREFACE

不懂合伙，必将散伙

俞敏洪曾说过：“在这个重新界定的时代，谁把自己当老板看，谁死得最快!”事实上，在当下共享经济的发展趋势下，企业如果还是“一人堂”恐怕不会长久。

来看一个很有意思的小故事：

一位身价过亿的“老板”，经常斥责自己的员工不要喊他为“老板”，因为他一直把自己当作是公司的合伙人。他经常这样说：“公司不是我一个人的公司，是所有持股者的公司，我也是其中一个，所以我是一个合伙人!”。

由此可见，真正的老板会把自己定位为合伙人，从不以老板自居。所以，企业内部传统的老板概念也就“死”了。

事实上，很多企业从创立时就实施合伙制，那么贯穿这些企业的也往往是“合伙人”文化；而更多的传统“老板制”企业也慢慢泯灭。

广义来看，合伙人是员工和股东的身份合体，持股员工数量可众多，譬如万科的合伙人制度就涉及逾千员工。为此，万科总经理郁亮称：“我们的重点不是持有公司股票，重点是和股东形成新的利益机制，员工跟股东变成同一个身份——合伙人身份。”

从狭义方面来看，合伙人指的是持股较多的骨干，特别是高管级别的联合创始人。例如小米就有7个联合创始人，小米董事长雷军指出："小米公司有一个理念，就是要和员工一起分享利益，尽可能多地分享利益。小米刚成立的时候，就实行了全员持股、全员投资的计划。"

很明显，合伙制对传统雇佣制有着巨大的颠覆：从资本雇佣劳动，更多变为资本与劳动的合作；从单纯的打工仔变为合伙人，资本与员工更多地融合；在治理权力方面，股权结构更加优化，分权成为常态；员工之间更多的体现为合伙与相对平等的关系，而非传统的上下级关系；内部监督更有力，部门之间的隔阂会变小；资本、员工之间的利益分配更公平；企业的运营风险会降低，发展会壮大，每个人都是创业者，而不再只依赖车头的动力……

如今对企业最重要的不是资本，是人才。合伙制企业能很好地将人才笼络在一起，为组织注入更多的新鲜血液，带来更多的发展机遇。

这样看来，合伙制大有"星星之火燎原"的态势。可以说，企业若不懂合伙，必将散伙！

合伙制突破了传统股权制度，甚至在美国资本市场，承认同股不同权，人力资本具有比货币资本更大的话语权。所以我们看到阿里巴巴的团队只占到整个股权的10%，但却有充足的话语权。软银集团就是阿里巴巴的最大股东，但是软银集团必须要把其所持有的不低于阿里30%普通股的股票权置于一个投票信托管理之下，受马云及蔡崇信控制和支配。这就是AB股结构模式。这种结构充分体现了人力资本在企业价值创造中的主导作用。也足以证明，创始人与人力资本不仅要获得价值权，同时要保证核心人才队伍对企业的控制权。

因此，合伙人是分层的，如阿里巴巴的马云和蔡崇信是永久合伙人关系，但是普通合伙人却有30多个，另外还有其他的荣誉合伙人。这样的分层合伙体系能够保证创始人对企业拥有绝对的控制权。

当然还有一种方式是改革股权分配。例如，华为实施的是全员持股计划，员工持有虚拟股权，实际上是利润分享计划。意即员工只要在华为工作，就有股权；离开华为，企业会以净资产的方式将股权收回，剩余的股权会再卖给新员工，这样一来，企业内部退出的原有持股人不会再分享企业利润。所以，华为总裁任正非个人虽持股1.24%，但从某种意义上来说，他却是100%的“控股”，因为员工拿的都是虚拟股权，只享受利润分红而已。

还有一种是小米与万科实行的事业合伙制。企业找到那些最能干、最有意愿干的创业者成为合伙人。这种凝聚人才的合伙制必将成为未来的主流模式。

无论什么类型的合伙制，最主要的特点就是信息共享、责任下沉、权力下放、利益共享。领悟并做到这几点，你的合伙制思维就已经形成，只要不断坚持，持续调整，你的竞争力就会越来越强，事业就会越做越大。

目录 CONTENTS

第一章 合伙背景：最让老板头痛的六大难题

合伙制是一种近乎完美的企业组织模式，然而并非所有的企业都可以一步到位，实现真正意义上的合伙。有些企业沉浸在传统雇佣制的疑难杂症中而不能自拔，无法抽身。有道是：小生意靠单干，大事业靠合伙。只有认识到合伙制的优势，全面把控企业自身的特点，逐步升级组织模式，才能真正践行一套合理的合伙制度。

第二章 合伙基因：寻找优秀合伙人的五条路径

企业如人，需要优质基因。合伙制的基因越完美，企业发展越迅速而稳定。如果合伙基因先天不够优秀，则需要通过后天加以引进，以便组织结构能得到不断优化完善。

第三章 合伙形式：搞懂合伙的形式才能独占鳌头

很多人对合伙人及合伙企业的概念容易混淆，认为合伙人就是股东。实际上，法律意义上的合伙企业与管理意义上的合伙人制度存在很大区别。管理意义上的合伙人通常已超越法律意义上的合伙人概念。合伙人不同于股东，他是参与企业经营并与企业一同成长、共担风险及收益的相关利益人。

第四章 合伙原则：立下的规矩哪一条都不能违背

任何形式的企业都要有规矩，无规矩不成方圆。合伙制企业也一样，唯有规则支撑，才可以让合伙持续下去。诸如合伙时的矛盾冲突、利益共享、管理运营、权责对等、全身退出等运营规则，需要逐一加以明确制定。合伙人只要按这些规则办事，便能保障企业运转平稳、合理前进。

合伙开公司不是几个人凑在圆桌边，敲敲桌子、一拍即合的事情，这里需要的是白纸黑字，明文规定。合伙流程很简单，它没有太多的法律条约束缚，但这个流程必须科学合理。想要合理，就需要关注到方方面面的问题，本章就为读者逐一分析。

不少企业有人才，有技术，有好的商业模式，但却发展缓慢，创始人只能远远看着企业走歪路。因为股权设计不够合理，创始人失去了控制权。看着一手创办的企业尽在别人手中，必定心痛无比。合理的股权架构设计是合伙企业发展壮大的第一步，也是创始人分享未来成果的基础。

第七章 激励设计：拿出一套完美的股权激励方案

股权激励的实施对企业的营收以及市值的增长有很大帮助。完善的股权激励体系能让企业、股东、员工三方面实现共赢。事实上，企业应该将股权激励作为长久深度的激励机制，它可以燃起员工积极主动的热情，完成企业目标，实现最大收益。可以说，无论是合伙企业还是非合伙企业，都应该将股权激励当作一项重要的事业来做。

第八章 合伙风险：将合伙人最关心的问题找出来

合伙创业有机遇也有风险，这是必然存在的。很多人就是因为没有把控好风险，而在合伙的道路上失去了控制。事实上，合伙企业可以控制风险，这需要充分利用合伙制的优势与合伙人的智慧来做好万全的风险控制。

第一章

合伙背景

最让老板头痛的六大难题

合伙制是一种近乎完美的企业组织模式，然而并非所有的企业都可以一步到位，实现真正意义上的合伙。有些企业沉浸在传统雇佣制的疑难杂症中而不能自拔，无法抽身。有道是：小生意靠单干，大事业靠合伙。只有认识到合伙制的优势，全面把控企业自身的特点，逐步升级组织模式，才能真正践行一套合理的合伙制度。

难题一：划清责权，部门间仍相互推诿

在传统模式的企业中，往往存在着很多部门之间互相推诿的现象。很多老板对此十分不解，为什么划清了责权，部门之间却依然互相推诿，不肯承担责任。事实上，这跟传统企业存在的“部门墙”有关。

这是很多传统企业都面临的问题。一般情况下，一个企业如果出了问题，那么各部门之间往往互相推卸责任，层层部门、各个环节非常复杂，往往到最后谁都不想承担责任。

举个简单的例子，在一个服装公司，如果客户方面出现了问题，交接方面会首先将责任推给销售部门，而销售部门则会推给企划部门，企划部推到研发部，研发部门推到技术部门……类似于早前我们经常听到的一个段子：一家奶粉品牌被投诉，于是奶粉厂家说牛奶出现问题，牛奶厂家将问题推给牛奶贩子，牛奶贩子又将责任推给养殖奶牛的，奶牛养殖者认为是草地的问题……

老板的问题就来了：我明明划清了责权，为什么还是互相推诿呢？

出现这种问题的根本原因在于企业内部不恰当的局部考核。有些传统企业的考核差距很大，所有成员都只关心自己是不是可以获得较高的业

绩，拿到高薪酬。因此，就没有人会去注意整个企业的综合效率是不是高，也很少有人在意各个部门之间是不是均衡发展。

所以，这种不恰当的考核机制也给企业带来了整体性的危害，导致高管部门的负责人都只关注短期的利益，而不去关注长远的发展。因此，当所有人都不将企业的未来长期发展放在心上时，各部门之间的发展都出现隔阂，考核也只是幌子，部门之间恶性竞争也就出现了。因此，部门之间的“墙”就会越来越厚，直到无法承重，土崩瓦解，企业也将走向死路。

解决问题的方法就是合伙制。先来看一下公司制和合伙制的区别。

公司制和合伙制的区别

1. 成立基础不同：

合伙企业基于合伙协议成立（设立程序、管理方式、分红模式等自由度高，法律强制性规定不多）。

公司基于章程成立（自由度相对较低，公司法强制规定了很多内容）。

2. 法律人格不同：

合伙企业不存在独立的法人（企业财产由全体合伙人共有，企业没有独立财产、不承担独立的财产责任）。

公司是独立的法人制（企业财产由企业所有，企业承担独立的财产责任）。

3. 投资人责任不同：

合伙企业的投资人都称为合伙人，他们承担的是无限责任。换句话说，假如企业出现问题，钱不够还债，合伙人必须要拿出家里的钱补充清偿（当初投资多少不重要，重要的是你的全部家当有多少）。

公司的投资人是股东，承担的是有限责任（即企业的钱不够还债，股东无须拿出家里的钱补充清偿）。

4. 利弊不同：

合伙制和公司制的利弊可以用下表表示：

	合伙制	公司制
利	自由	有限责任
弊	无限责任	强制

合伙制的责任承担问题

在这里，我们提到了责任制的问题。事实上，利弊不在于抽象比较，需要在个案中具体分析，而且特别注意的是，不同角色的责任也是不一样的。

举例分析是最好的说明。

先从公司制来说。

假如你的公司组装了一个智能机器人。公司正在参加一个格斗比赛（参与市场经营），在这其中，一定会有裁判（相关部门）盯着你的智能机器人到底合不合格（公司成立需要满足法定条件）。

在这场比赛中，如果你赢了钱，首先需要留下一笔钱来当作维修费用（法定公积金或弥补亏损），剩下的可以分给遥控操作的人（公司股东分红）；如果你输了比赛，那么机器人也就不能用了，赛事组织方会把你的机器人拆了（公司破产解散），卖了零件的钱先还给你欠的人（公司债权人），剩下的再给你，不够也不会再向你要（有限责任）。

再说合伙制。

在合伙制这里，还是上述的机器人比赛，这就好比你穿上了装备去打野拳，没人管你的装备是不是符合比赛规则（合伙企业成立没有太多法律约束），只要你能打，赢了钱，你爱怎么花就怎么花（利润随意分配）。如果打输了，很抱歉，你得赔钱。首先你要把你的装备卖掉（变卖合伙企业财产）还钱，假如还不够，再把你从装备里抬出来卖了，直到钱还完为止（无限责任）。在这里，还有一个特点：如果你们合伙人一起轮流用装备打架，结果被队友坑了，最终失败，那么你也是要赔钱的（连带责任）。

最后再总结一下：

A. 成立公司，股东只有出资义务，后来公司赔了，不用你还钱，但是公司会有一系列的政府监管、程序等要求。

B. 成立合伙制企业，一群人一起做，赔了赚了都一起担着，没有那么多的法定要求。

因此，责任制度在合伙制企业有着重大的意义。换句话说，当你作为合伙人加入一个企业时，就意味着承担责任。在责权清晰的情况下，一旦出现问题，就没有人会因此推卸责任。

因此可以看出，传统企业的传统管理模式，将会对企业的未来发展造成困扰。随着颠覆时代的到来，传统企业如果不能改变转型，那么势必会吃大亏，遭受巨大的打击，甚至面临倒闭破产。

难题二：人手到位，目标任务仍无法完成

许多传统企业的老板往往对这样一件事很头疼，那就是明明人手到位，但是目标任务却总也完不成。

这是为什么？

先来看一下很多企业都存在的表象问题。领导说要减少一些会议，于是，下面的人将多半的会议都取消了，比如一些必须要保留的会议也被取消；领导说产品质量不通过就严惩，于是产品就没有不通过的；领导说产品要在质量上有保证，于是有员工就在研发产品时，故意拖延几天，这样就显示出自己更加重视产品质量……

明白的人一眼就看得出，这些都是假象。

然而，当真正问题出现时，领导会认为可能是员工能力太差导致，或者监管不到位。于是公司就会又出现许多不正当的监管措施。这样，公司组织越来越复杂，真正为公司效力的却不多，出现“和尚很少，菩萨很多”的尴尬局面。

在这种情况下，人手即便到位，目标任务也无法完成。这是传统企业的痛点，也是很多初创企业创始人担心的问题。

事实上，对于初创企业来说，走合伙人制度是一个最佳选择。通俗来说，合伙人制度其实就是“合在一起成为一伙”，形成一伙后就共担责任、共享成果。

从企业角度来说，合伙人具体表现就是员工获得股份、分红权、成为股东、成为公司主人的一个过程。既然有了这样的决定和分配，那么老板在安排任务时，就不用担心目标无法完成。

照搬优秀企业做法带来的结果

传统企业往往比较重视形式，比如在汇报或者进行宣传时，总是将IBM、苹果、谷歌等大企业的做法挂在嘴上。比如说某国际大企业的领导是如何做的，企业员工是如何实践的……对这类企业来说，老板总是过于自我断定，几乎从不过问员工到底是怎么想的，只是照搬那些成功企业的管理运作方法。

在这些企业的负责人看来，只要是成功企业、海外企业，他们的做法都是优秀的，都可以学习和借鉴，甚至原版照搬。例如西门子企业一个零部件生产需要多少人，某公司也照搬，安排同样的人数在这个环节的生产中。事实上，这样的做法只能说明这些企业要么心里没底，要么是过分迷信成功企业，只会生搬硬套，最终却由于不符合自己企业的特色和特点，而无法完成任务。

借用成功企业的管理方法是可以的，但绝对不是无条件地照搬。管理不是自然科学的法则，懂得了理论就能推断出结论。管理这门学问要深得多。

对传统企业而言，要真正避免这种盲目学习成功企业的方法，就需要找到自身特殊之处，然后摸索出适合自己的管理方法。

合伙人的特点

下面我们来看一下，合伙人的特点是什么。

在企业的传统利益分配模式中，股东、管理层、员工之间的关系是自上而下的指令关系和分配关系。换句话说，老板让下属干什么，他就要干什么。

企业的管理决策从上向下传达，但是下级往往接受指令时非常被动，甚至因为个人问题而导致办事效率和企业经营效率下降。在这种形态下员工完全属于被动状态。被动模式下的员工，自然很难实现工作高效率。

而在合伙人制度中，员工不再是单纯的“劳动力”，他成为企业的主人，这从根本上就已经改变了人力资源利用的效率。由于角色的转变，上下级之间单项命令式的管理所带来的消极作用也就不存在，企业的管理成本会下降很多。在这种情况下，员工也会更愿意付出，因为这样的付出和自己的收益是直接挂钩的。

在合伙制中，权责不分家，因此，必须要根据企业的特色和工作特性来安排相关人手，而且由于合伙制的限制和激励，这些人员都能主动完成任务。

难题三：分钱到位，核心人才依然留不住

在传统公司制的企业中，“拍马屁者”“溜须者”不在少数，对公司的整体发展来说，可能会导致人才危机。

现在是互联网多元化时代，对企业来说，什么是最重要的？当然是人才。人才甚至是财富和未来发展的主要核心。而传统企业最缺少的似乎就是真正的人才。

受传统公司制的考核机制所限，很多基层或者中层员工，往往无论付出多大的努力，得到的回报永远比自己预期的少。这样一来，这些人员也自然就形成了一种“懒惰”心理，不会对公司百分之百付出。这就是一种人才的变相流失，甚至还会直接导致人员辞职、跳槽。

相反，有些员工并非核心人才，但由于“后门”硬，拿到的钱很多，却依然没办法出成绩。出现了这一系列情况之后，就算公司给员工分的钱再多，也留不住真正的核心人才。

所以，传统企业的传统管理模式，将会对企业的未来发展造成诸多困扰，如果不改变、不转型，势必会遭受更大的打击，甚至面临倒闭破产的危险。

下面来具体分析传统公司制企业之所以留不住核心人才的根本原因。

自我中心严重，不尊重员工

在传统公司制中，可以说大部分是雇佣制，企业将公司的发展和员工的发展统一结合起来。这些企业懂得如何体现员工的能力，达到自己的管理预期。

尽管如此，很多企业存在的问题是只注重短期的效果，注重人的短期业绩，而不是注重员工的能力发展和潜力挖掘。公司的管理者和员工之间的关系大多数是典型的绩效导向，换句话说，员工给老板赚多少钱，企业就给员工发多少薪水。员工如果不能给企业带来利润，那么就予以解聘。

例如一家玩具公司，老板雇用员工的一大原则就是利润。这位老板处处以利润为主，处处要求员工以企业发展和个人收入为主，从不考虑员工在工作细节上的需求。甚至一遇到问题就把责任推到员工头上，从不反省自己。这种方式导致企业人才流失严重，员工工作时也没有“自由”和发挥余地。

事实上，对传统企业而言，创新型和知识型的员工是企业最需要的人才，然而企业对这类人才却缺乏一定的敬畏之心，同时也缺乏一个共同成长的愿景。因此，这样一来，就导致企业的人才流失很严重，员工的忠诚度也下降。

由此，也导致企业缺乏与员工的真诚沟通，企业老板乃至领导层的人员有一种居高临下的姿态，员工与企业领导自然就不能在同一条船上。这是很多传统公司制企业的痛点。

对传统企业来说，想要留住人才，避免出现这种痛点，通常就只是按部就班执行规章制度，然后虔心真诚地对待员工，这样虽然可以留住人才，但是在管理上却落后一大截。先进的企业大都采用合伙制管理方式，尊重员工，激发员工潜力，让员工成为企业合伙人，而传统企业却还在把员工当成机器来管理。因此，这种痛点是传统企业的一个重要缺憾，也是务必要解决的问题。

没有真正做到人才内心的激励

传统公司制企业的老板很少会把企业的股份或者股权拿出来给员工，只是给予他们一些奖金报酬激励，以此希望可以刺激员工为企业作出大的贡献。但实际上，当你的企业发展越来越好的时候，员工内心很清楚你的企业价值是什么，他们明白自己的付出与回报是不成正比的，因此，他们很难会为你付出全部的精力。有些老板认为，只要在年底给予员工一定的分红就可以激发他们的干劲，让他们为公司尽职尽责。实际上这种想法很好，但是却不是唯一可以留住人才的方法。

如果只是额外的奖金和分红，对一些高端人才或者企业的核心人才来说，是不满足的。而在技术合伙人模式中，初创企业往往会将这些技术高端人才列为自己的合伙人，不仅给予分红，还给予权力。在这种模式下，这些人才得到的不仅仅是钱，还有管理角色，自然会为公司付出百分百的努力。

合伙制——最能够激励员工的企业制度

为什么会存在合伙制企业，它与公司制企业相比优劣势在那里？

从总体上来说，企业的权力结构类型往往可以分为下列四种，见图1－1。

前三种类型都适宜使用公司制组织结构，而人员导向型却是最适合使用合伙制企业的组织形式。

人员导向型最大的特点是，企业存在的目的主要是为成员的需要服务。

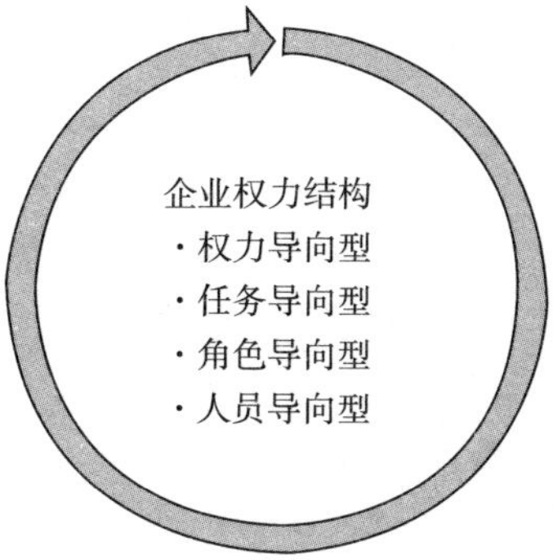

图1-1 企业的权力结构类型

我们举个例子，例如会计师事务所，这样的企业完全是由人组成的，员工就是企业最大的资产，没有员工，企业就不会有价值。同时，越高能的人才，对企业价值越大。

如果员工，能给企业带来利益，就会得到升职，甚至会成为企业的合伙人，变成企业的股东，与其他合伙人一起分享企业创造的利润。

所以，从总体来看，合伙制企业最大的优点是，它是一种最能够激励员工的企业制度。在公司制企业中，无论你能力多么优秀，你永远都只能是一个职业经理人，无法成为企业的所有人。在合伙制企业中，只要你能够提供足够的价值，给企业带来足够的利益，你就有资格成为企业合伙人，变身股东、企业所有者，进而参与企业利润分享。因此，合伙制是最能留住人才的机制。

难题四：加薪升职，工作效率始终不高

很多老板对这样一个问题感到不解：为什么我给员工加薪了，升职了，可是他们的工作效率还是不高呢？

本以为可以运用加薪升职最直接的报酬方式来获得工作上的高效，但实际上却并未如愿。来看下面这个公司的案例。

马经理是一家地产公司的总经理。根据调查发现，公司管理层的工资水平略低于市场水平。于是马经理立刻找到相关团队进行重新设计。经过设计之后，管理层的工资提升上来了，甚至远远高于市场平均工资水平。

本以为这样会带动管理层的积极性，大大提高工作效率。但是工资上涨之后的反馈情况依然很不理想，有些人继续忿忿不平，甚至觉得这是自己应得的；只有极少数人对此表示满意。

马经理对此特别不理解。

事实上，单纯的加薪升职有时不仅不会提高员工的积极性，甚至还会降低员工的积极性。常见原因有下列几点：

（1）员工原本的薪酬水平低于市场水平，或员工认为低于自身的价值创造，公司的加薪行为在员工看来是一种弥补行为，弥补的是公司之前对

自己的亏欠，自然不会对公司的加薪举措心生感激。

（2）员工原本薪酬水平较高，而公司给他的涨幅额度又比较小，那么很容易被员工忽略不计，因此也不能带动他的积极性。

（3）员工将个人薪酬看作是公司对其价值的认同，当加薪幅度不符合个人期待时，会认为公司没有充分认可其工作价值。

（4）员工会将自己的加薪幅度与别人相比较，在比较中很容易产生不满。这时候，没人会关心工作，大家都在关心谁加了更多的薪水以及谁升了职。

（5）全员加薪，人人有份，薪酬普涨，员工可能会将此理解为公司只是在尽应尽的责任——公司赚了钱，自然应该给大家加薪；或是物价上涨，薪酬自然也应该涨。

（6）当公司加薪依据不清晰、加薪配套行为不足时，加薪更容易被员工理解为公司对其过去行为和价值的认可或弥补，缺乏对员工未来行为的激励和引导。

说了这么多，是不是加薪和升职一点用也没有？当然不是。那么究竟要怎样加薪，才能激发员工的积极性呢？这是一个难题，也是一个必须要解决的问题。

要解决这个问题，一个首要的前提是，老板一定要意识到，千万不要试图通过单纯地加薪来实现员工积极性的提升。加薪事实上是一项讲究策略性的工作。

其次，加薪设计应重在激励未来。在这一点上，合伙制就能发挥出它的独特优势。如果让员工成为合伙人，给予其股权激励，实行权力下放，那么他们自然会努力工作。

换句话说，在加薪预算中一定要分配对员工未来行为、结果的激励预算，或在设计加薪方案时直接将加薪与对员工未来行为、结果的激励制度结合在一起。

最后，需要注意的是：结合企业实际情况采取适合的加薪沟通方案，让员工清楚加薪的原因和依据，引导他们恰当地理解加薪。

难题五：股权激励，员工出工但不出力

为什么你在激励中做足了股权激励，可员工就是不领情，甚至起到负面激励效果。员工出工不出力到底是为什么？

事实上，对老板来说，有三点原因不可忽视，见图 1－2。

图 1－2　股权激励员工出工不出力的三大主要原因

下面进入具体分析。

员工没有参与感

通常情况下，员工之所以没有参与感是因为创始人先要独占梦想，而并非是分享梦想。我们可以这样来看，任何一个初创企业的股权激励都有一些硬伤，包括投资风险很大、投资回报周期长、上市前流性很差等。

而团队员工认可股权激励的价值，多数是基于对公司所从事的企业以及老板的个人魅力的认可。如果老板没有分享梦想的想法，那么员工就会感到没有参与感，自己与公司的关系只是“买卖”关系，这样的股权激励是没有什么意义的。

其次，员工会被动选择而不是主动选择。从人性方面看，任何一个人都会对自己的主动选择负责任，对被动选择难以承担责任。因此，可以把激励股权做成薪酬包的一部分，让员工去主动选择。

举个例子，假设一个员工的年薪是20万元，公司可以给该员工以下三个选择：

（1）100%年薪加一点股票；

（2）70%年薪，30%年薪以股票支付；

（3）50%年薪，50%年薪以股票支付。

此外，还有一种方式也让员工觉得没有参与感，那就是公司封闭信息，而不是公开信息。很多创业公司往往纠结于到底要不要公开股权信息。

因此，公司股权的发放，要相对公平合理，而且要公开股权发放标准。

员工没有价值感

有时候老板之所以进行股权激励，是出于补偿的目的，而不是真正的激励。

体力劳动者和脑力劳动者在这方面表现的差异很大。举个例子，从A点到B点，最慢的司机可能需要2小时，但最快的司机也需要一个半小时左右。这就是体力劳动者的特点，看不出太大的差距。但是脑力劳动者不同，高效能人才和平庸员工的差异甚至可以达到几十倍，甚至上百倍。

所以对于大多数轻资产以及互联网企业，股权激励的出发点是激发出员工的最大潜能，而不是简单按照工资标准进行补偿。

此外，我们还要明白一点，有些员工会拿其他公司的股权做对比，要求自己获得更多股权，例如一个高效能人才可能要求公司给予自己多加2个点的股权。

此时，企业要做的是需要给员工讲明白股票所代表的真正价值，而不是让他只看到表面的数字（股数）。例如你可以给该高效能人才列出两个选择：

A. 一个不成熟的公司，股权机制不成熟，团队不成熟，也没有清晰的商业架构，但是愿意给高效能人才2%的股权；

B. 一个成熟的公司，有融资，有优秀的团队，有清晰的商业架构，发展前途一片光明，但是却只能给高效能人才0.5%股权。

单纯看数字，的确一眼就看出差距。但很显然，真正的高效能人士会选择后者。

另外，我们还要在股权价格上进行推测。例如公司股票市价是1元/股，公司可以按照0.1元/股给员工发放激励股权。

一种说法是，公司按照1折给员工发放股权。另一种说法是，员工买1股，公司送9股。虽然结果是一样的，但员工对股票的价值感完全不一样，对后者的价值感会高很多。

员工没有公平感

在股权激励过程中，并非所有员工都在一开始获得股权。如果企业处理不当，有些员工会产生莫名的猜测，甚至会产生一些怀疑，认为企业不重视他，或者不重视他所在的部门……

因此，公司应该明确公开标准。例如，第一批股权发放有两个标准，中层以上和全职工作满3年。这样做的结果是，拿到股票的人被激励，没有拿到股票的人也有一定的预期，这样既公平又合理。

其次，员工激励股权会有很多权利限制。例如企业承诺股权分三年兑现，中途如果员工离职，公司有权回购股票，员工必须要全职投入，不能从事同行业竞争，在职产品也需要归公司所有等。

然而，如果沟通不充分，很可能会让员工感觉股权激励犹如一纸卖身契。因此，公司必须要有一个十分合理科学的沟通契约。

面对这些问题，合伙公司制就能很好地解决。只要做好合伙规则，设计好进入和退出机制，做好股权激励方案，公开透明，就能够让员工既出工又出力。具体方案如图1－3。

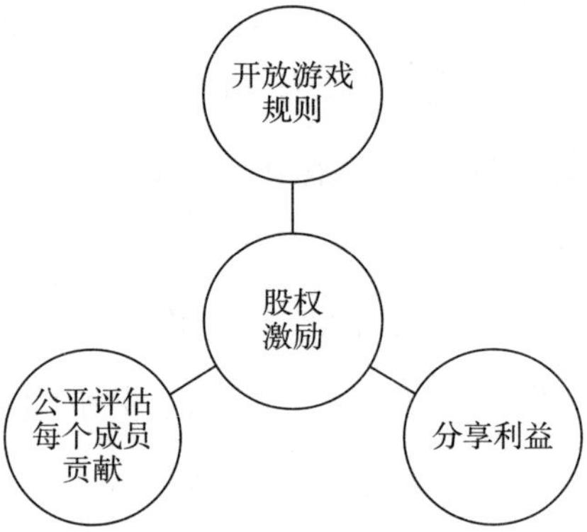

图1－3　股权激励方案

难题六：股权融资，带大的“孩子”叫别人“爹”

股权融资是指企业的股东愿意让出部分企业所有权，通过企业增资的方式引进新的股东的融资方式，总股本同时增加。在这里，我们要特别注意一点，股权融资所获得的资金，企业不需要还本付息，但新股东与老股东同样分享企业的赢利与增长。

股权融资有下列几个特点，见图 1－4。

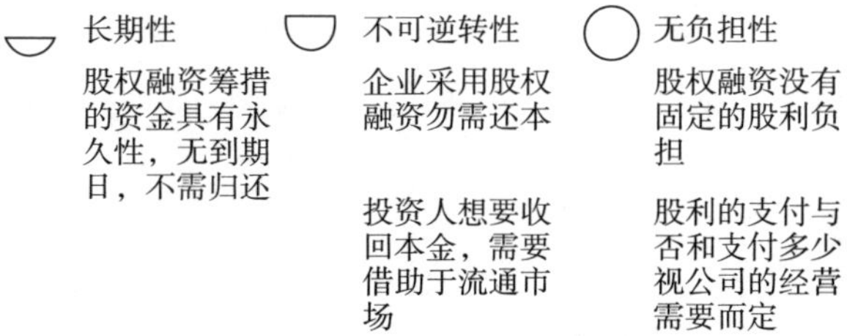

图 1－4　股权融资的特点

股权融资的特点也决定了其用途的广泛性，它既能充实企业的营运资金，又能用于其他投资活动。因此，对很多急需资金的企业来说，股权融资是最佳选择。

看到这里，你也许会问，股权融资的渠道有哪些呢？

股权融资渠道主要有两大类，公开市场发售和私募发售（见图1－5）。

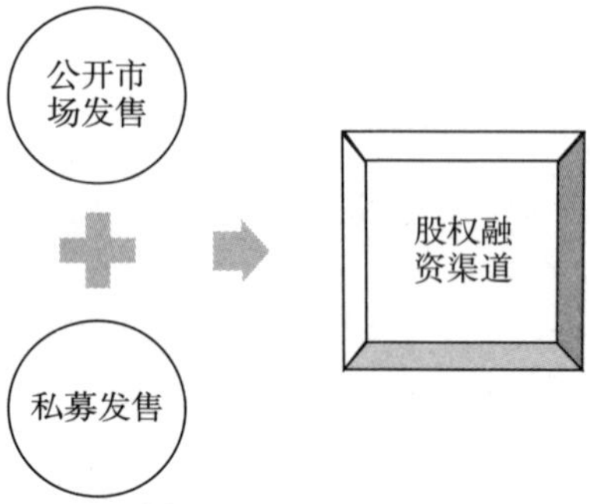

图1－5　股权融资渠道

所谓公开市场发售，顾名思义，即通过股票市场向公众投资者发行企业的股票来募集资金，它包括我们常说的企业上市、上市企业的增发和配股。

至于私募发售，是指企业自行寻找特定的投资人，吸引其通过增资入股企业的融资方式。绝大多数股票市场对于申请发行股票的企业都有一定的条件要求，如我国对公司上市除了要求连续3年赢利之外，还需要企业有5000万元的资产规模，因此大多数中小企业很难达到上市发行股票的门槛，因此私募融资就成为了中小企业进行股权融资的主要方式。

私募发售

下面重点说一下私募发售。

私募发售是所有融资方式中，民营企业比国有企业占优势的融资方式。它的产权关系很简单，不需要进行国有资产评估，也没有国有资产管理部门和上级主管部门的监管。所以这就大大降低了民营企业通过私募进行股权融资的交易成本，很大程度上提高了融资效率。

私募成为很多企业经济活动最活跃的领域。对企业来说，私募融资不仅仅意味着获取资金，同时新股东的进入也意味着，让企业走向合伙制。新股东能否成为一个理想的合作伙伴，对企业来说意义非凡。在私募领域，不同类型的投资者对企业的影响也是不同的。

目前主要有下列几类投资者（见图1-6）：

图1-6　私募融资的投资者分类

个人投资者：虽然投资金额不大，但在大多数民营企业的初创阶段却起到了至关重要的支持作用。同时，我们更要清楚，这类投资人也往往很复杂，有些投资者甚至会直接参与企业的日常经营管理，也有的投资者会趁机抢夺公司控制权。这类投资者往往与企业的创始人有密切的关系。

风险投资机构：风险投资机构是从20世纪90年代后期发展起来的，其涉足的领域主要与高科技产业相关。在当下互联网发展大热的趋势下，几乎每一家互联网新型公司都有风险投资资金的参与。国外如IDG、Softbank、ING等，国内如上海联创、北京科投、广州科投等都属于典型的风险投资机构。

这些投资机构可以为企业提供数额较大的投资，甚至多达上千万的股权融资。风险投资机构最终的目的是通过上市、转让或并购的方式，在资本市场退出。特别是通过企业上市退出，是最理想的方式。

因此我们也可以看出，如果选择风险投资机构来融资，那么对于民营企业是有一定的好处的。

（1）没有控股要求；

（2）有强大资金支持；

（3）不参与企业日常管理；

（4）能在很大程度上改善企业的股东背景，有利于企业进行二次融资；

（5）可帮助企业规划未来的再融资及寻找上市渠道。

当然凡事有利就有弊。风险投资机构主要追逐企业在短期的资本增值，很容易就与企业的长期发展形成冲突。另外，风险投资机构缺少提升企业能力的管理资源和业务资源。

产业投资机构：产业投资机构又称为策略投资者，他们的投资目的是希望被投资企业能与自身的主业融合或互补，形成协同效应。

很显然，这类投资机构对一些企业融资有好处。

（1）具备较强的资金实力和后续资金支持能力；

（2）有品牌号召力；

（3）业务的协同效应；

（4）在企业管理上与被投企业比较接近，容易相处；

（5）可以向被投企业输入优秀的企业文化和管理理念。

劣势在于这类投资机构很可能会要求对被投企业控股，具有控制权，对被投企业的业务发展进行限制；其次如果产业投资者自身出现问题，也会影响被投企业后续融资。

上市公司：是私募融资的重要参与者，特别是主营业务发展出现问题的上市公司，由于上市时募集了大量资金，参与私募多数是利用资金优势为企业注入新概念或购买利润，从而伺机抬高股价，以此来达到维持上市资格。

当然，在这其中，也有很多具有长远战略目光的上市企业因看到巨大市场前景从而决定投资，一来可以调整产业结构需求，二来还可以获得更大的发展空间。

当然，通过上市公司融资，往往会被控股。因此，对这样的投资者，民营企业必须要很谨慎。一旦出让控股权，又无法与控股股东达成一致的观念，企业的发展自然就会面临巨大危机。

股权融资难题

从股权融资的特点和渠道来看，股权融资是许多企业获得发展的不错选择，甚至是走向合伙制的一个良策。然而，并不是所有的股权融资都能为企业带来顺途。股权融资仍然存在很大问题，这些问题也在时刻让老板产生“偏头疼”。

因为选择股权融资很可能会使合伙人失去企业的控制权，而且也很容易稀释创始人的股权，最终甚至还会将创始人或者管理者“踢”出企业。这就很容易造成一种现象：自己好不容易带大的孩子，到时候却管别人叫“爹”。

面对“门口的野蛮人”，企业要灵活运用反并购策略展开有效的防守反击。面对越演越烈的资本扩展，有效设置防火墙，巩固控股地位，谋求企业长久发展。

记住，最重要的一点是尽可能选择通过上市的方式公开发售，即便是没有达到上市要求，也要尽可能保留住控股权和企业的管理控制权，寻求稳定发展，切勿因为融资而丢失了企业的控制权。

第二章

合伙基因

寻找优秀合伙人的五条路径

企业如人，需要优质基因。合伙制的基因越完美，企业发展越迅速而稳定。如果合伙基因先天不够优秀，则需要通过后天加以引进，以便组织结构能得到不断优化完善。

基因决定合伙关系强弱

基因决定一个人是男是女，决定一个人内在的性格，决定一个人的身体基本素质等。可见基因的重要性。在合伙制中，基因同样很重要。不错，此基因非彼基因。在这里的基因主要指的是合伙人。

换句话说，找到一批优秀的合伙人，那么你的合伙力量就会很强大；如果找到的不是优秀合伙人，那么你的合伙关系很可能岌岌可危。因此，基因决定合伙关系强弱，这句话一点也没错。

仔细观察创始人的背景，会发现在早期创业阶段，很多创始人都曾是“联合创始人”。在上一段创业中，他们在合伙创业方面取得了很多经验，因此单独创业；也有一部分创始人因为当时和联合创始人不和，所以独立创业。

不管是哪种原因，当他单独创业时，他一定需要合伙人，同时也需要面临处理和联合创始人关系的问题。这也是所有“创始人”和“联合创始人”都需要面临的问题。

一个创始团队除了创始人以外，必须要有合伙人或者联合创始人。如果单枪匹马地创业，很难拿到投资。

普通合伙人和有限合伙人

首先我们要知道合伙人的分类，也就是基因的分类。从合伙企业的类型和方式来看，通常情况下，合伙人分为普通合伙人和有限合伙人两大类（见图2-1）。

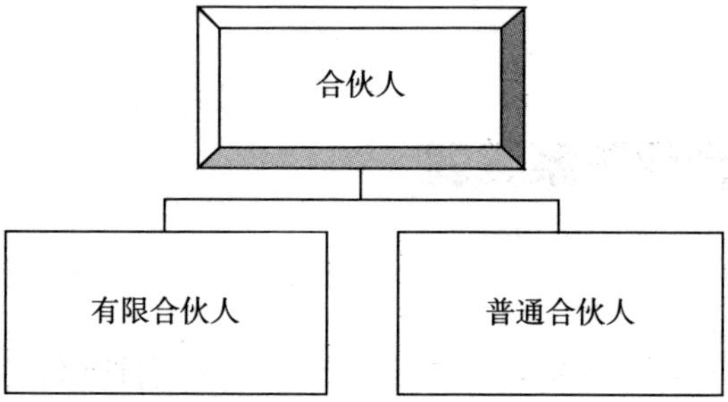

图2-1　合伙人分类

只有明确了这两种合伙人的含义、区别，创业者才可以对号入座，找到适合自己的合伙人。

通常意义上，普通合伙人指的是合伙人共同出资、共同经营、共享收益、共担风险（见图2-2）。普通合伙人对合伙债务背负的是无限连带责任。

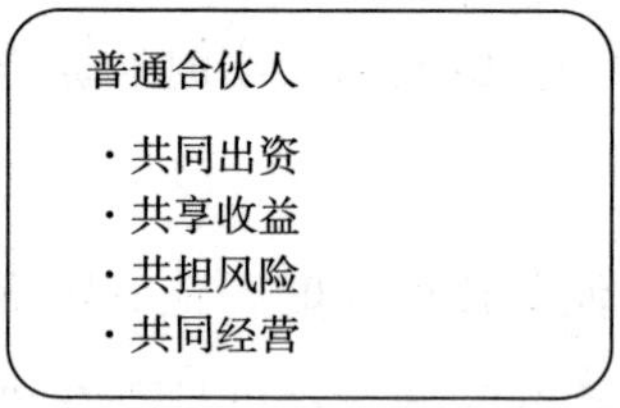

图2-2　普通合伙人

有限合伙人主要是指那些不得以劳务对合伙企业出资，不执行合伙事务，不对外代表合伙组织，只按出资比例分享利润和分担亏损，并仅以出资额为限对合伙债务承担清偿责任。

作为合伙企业，通常既有普通合伙人又有有限合伙人，这主要看合伙企业根据他们在入股前的约定以及公司股东的责任范围来划分。

我们一般所知道的股票市场上的股票买者通常都是有限合伙人。至于企业里面的董事会成员是普通合伙人还是有限合伙人，这要看公司股东的责任范围。

优秀合伙基因具备的条件

我们听过太多“猪一样的队友”如何坑公司的故事，所以，我们必须要找到一帮十分优秀的合伙成员。可以说，找对了合伙人，共赢就有了基本保障。

在竞争激烈的今天，组建一支商业铁军，基因是关键。在人才兴国的今天，优秀的合伙人也成为公司兴衰的关键。

究竟什么样的人才是优秀的合伙人呢？要符合三个基本条件（见图2－3）。

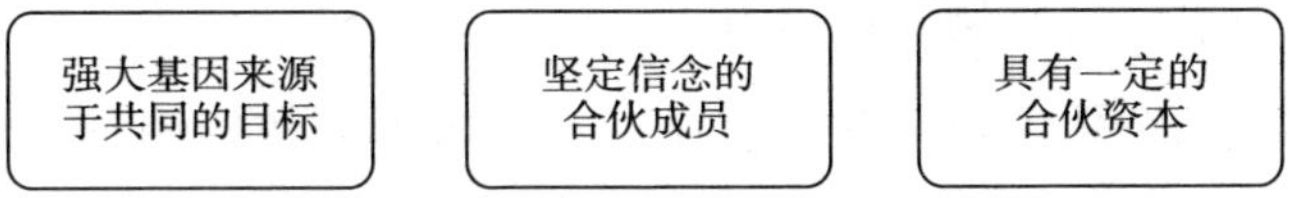

图2－3　优秀的合伙基因三大基本条件

1. 强大基因来源于共同的目标

目标一致，才能共创未来。首先要选择对企业经营有共同认知的人，因为志同道合的你们在运营分工上才能产生默契，让管理高度浓缩。

只有目标相同，才能在公司的大小事项上保持一条线路前行，从而不至于产生太多的分支。这对一个公司前行的发展方向来说，犹如船帆那样重要。

托尼·利维坦和弗雷德·坎贝尔是美国一家Egreeting公司的创始人，同时也是Lexy.com网站的拥有者。他们的企业之所以会成功，正是因为两人有共同的目标。两人无论在创业项目和发展方向上，都有极其相似的想法。因此他们的价值观非常能够体现在合伙创业中的重要性。托尼·利维坦和弗雷德·坎贝尔的创业事例也告诉我们，创业者寻找合伙人，目标相同很重要。

找到目标相同的人，也就意味着你的合伙人可以陪你一起度过创业旅途中的大起大落，这是非常重要的。

如果合伙人目标不一致，就如同两人相处时感觉不对，走得越远，合伙人之间的差距就越大。

2. 坚定信念的合伙成员

三天打鱼两天晒网，是个别人做事的态度，这样的人往往信念不够坚定，企业坚决不能找这样的人做合伙人。

因此，要找一个对于成功有着极其强烈愿望、对创业有坚定信念的人。这样，在凶险的商业浪潮里才能百战不殆，携手共赢。在这一点上，马云创办阿里巴巴的案例值得学习。

马云和他的合伙人在一开始创业时，经历了无数的困难和阻碍。而留下来的“十八罗汉”便是马云心中信念最坚定的合伙人，也是最强大的合伙基因。如果当初在面对困难和阻碍时，这些合伙人不够坚定，不够忠诚，那么现在就没有阿里巴巴。因此，找到信念坚定的合伙人十分重要。

3. 具有一定的合伙资本

空手套白狼的时代已经过去，软资本或硬资本总得有一样才行。这里提到的软资本主要包括服务能力、营销能力、核心技术、骨干力量等软实力；硬实力则是指合伙人能在与你合作的同时，帮你缓解经济的压力，为你们共赢多几块砝码。

企业在运营中，多多少少都有风险，如何能够在合作的过程中成功联合合伙人的诸多优势，更好地优势互补达到利益最大化才是合伙制的关键。

我们看到那些成功的合伙企业，如果仔细分析他们的合伙人，毫无疑问，从各方面都能找到他们的优势，而这些优势就成为了他们成为合伙人的资本。看过《中国合伙人》的人们都能从电影中看出，三人之所以会成为合伙人，原因无非是有钱的有钱，有钱的也有技术，有技术的也有管理能力，有管理能力也有良好的坚毅品质。三人加起来的综合能力非常出色，很多方面也能互补，只有这样才能成为坚定的“铁三角”。

凭借一双识人、知人的慧眼，去找到未来公司的创始人。当然，诚实、守信、有责任感、人品好是成为合伙人的先决条件。人品不好的合伙人，就好比是公司的“定时炸弹”。所以在选择合伙人时一定要擦亮眼睛仔细筛选。

技术基因：找到那个你最缺的技术合伙人

在合伙制的实施中，想要创业，首先找合伙人，尤其是互联网行业中，找不到技术合伙人，公司很可能就要唱“空城记”。

以《西游记》中的唐僧团队为例，该团队中的技术核心人员是谁？很明显是孙悟空。那么我们来分析一下唐僧为什么能找到孙悟空？

首先，你一定不要相信是唐僧说服了孙悟空。实际上，对孙悟空来说，取经大业根本没有吸引力。孙悟空之所以加入取经团队，是因为他和观音做了个交易，他答应保唐僧，而自己就可以被救出来。

其次，孙悟空是个有情有义的人，唐僧救了他之后，对他有脱难之恩，老孙是个讲信用的人，如若不守信用，以后就没法在三界“混”下去。

最后，观音给孙悟空戴了金箍，所以孙悟空不去保唐僧取经也是不行的。

除了这三点，取经对老孙来说没有丝毫吸引力。所谓的取得正果，位列仙班，老孙根本就不在乎。

实际上，往大了来说，取经是唐太宗、唐僧、如来三人的共同心愿。

三人对取经这件事都各有目的。观音去操作这件事，是受了如来的命令。

而以孙悟空为首的三个徒弟，没有一个是因为取经是项崇高的事业而欣然加入的，他们和观音在背后都有交易。而也正是因为有他们，尤其是孙悟空（技术核心人物），唐僧的取经事业才会成功。

好了，介绍完我们的人物和背景，你就知道为什么要找到那个技术合伙人了吧？几句话来概括一下：

技术基因是服务于创业企业的技术团队配置模式，通过给企业提供产品策划、技术开发以及获得项目部分股份而成为企业的核心股权基因。打造一个具备发展潜力的企业，除了主脑 CEO 之外，不可或缺的是 CTO，即技术基因。

技术基因可以帮助合伙企业实现从 0 到 1，协助产品实现从 1 到 N。很多创业者有了资金和管理想法之后，最缺的就是技术。所以，找到靠谱的技术合伙人至关重要。

什么样的技术合伙人适合你去找

打个比方，假如你就是唐僧，你急需要悟空这样的高端技术人才。然而，对于悟空而言，他并非一定需要你。

你跟他说，取完经之后如何获得名誉、地位……这些悟空都不在乎。他在乎的是什么？他在乎谁能马上把他从山下救出来。没错，他被压在山下，一身本领无处可施。因此，你必须要先去找到那个被压在山下，才华无法施展的“悟空”，先把他救出来。

把他救出来之后，然后再给他戴个“紧箍咒”。除此之外，你还要希望找到的这个技术合伙人是一个重信守诺的人。

回归到企业合伙制上。在互联网行业，直白说来，一个好的技术人才，有五年以上经验，觉悟又高，大都年薪超过二十万元。千万别觉得贵，钱再少的人就不是技术核心人员了。

尽管如今有很多互联网高端人才，但也只有其中一小部分有悟性有天分又肯努力。这就好像孙悟空的师傅菩提祖师收了那么多弟子，但是真正功夫了得，能够称得上核心技术人员的，也就只有悟空。

那么适合自己的“悟空”应该具备什么能力呢？

主要有三点（见图2－4）：

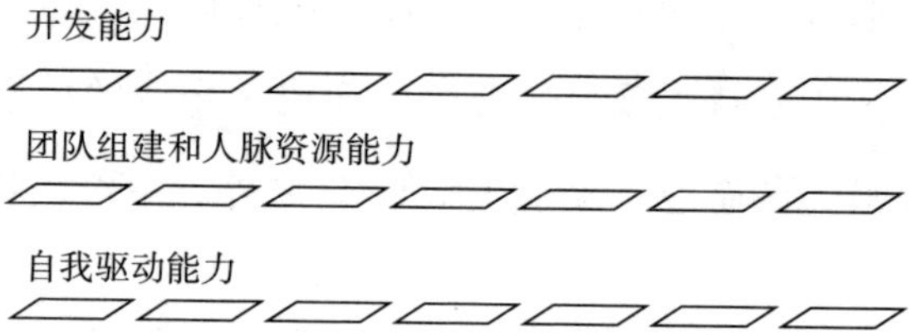

图2－4　技术基因具备的能力

第一点：开发能力。

大部分的初创企业，一般都是又缺人又缺钱，所以创始人会急需一个对产品很了解，而且具有开发能力的技术人才，然后利用该人才运营的产品原型来寻求融资。

当然了，产品能否被投资人看好，关键就在于技术基因。

第二点：团队组建和人脉资源能力。

产品开发和组织技术团队是技术基因在初期的主要职责。因此，技术人员必须要具备团队组建能力。寻找技术人才，并不单是HR的事情，更是这个技术基因亲力亲为的事情。因此，技术基因需要相关方面的人脉资源，才能更好地组建高端团队。

第三点：自我驱动能力。一个好的技术基因，不但需要超强的自我驱动力，还要主动思考问题，拥有学习精神，让自己一直保持在技术前沿。否则，在技术发展日新月异的情况下，很容易会被其他企业赶超。

给技术合伙人多少股权

技术基因对合伙制企业来说是一个非常特殊的基因，是产品的实现者。很多人认为应该多给技术基因股权。那么，到底给技术基因多少股权才合适呢?

首先，按公司法规定，技术入股不能超过股份有限公司的20%。一般情况下，给技术基因9%～15%的股份是比较合适的。当然，这也还要看企业依靠哪方面驱动，看技术在团队和公司里起的作用。

在这里我们还需要特别提醒一下，技术人员的技术与磨合也是一个比较长期的过程。

由于技术基因是合伙人，那么公司的很多决策就需要他的参与。因此，技术合伙人同其他合伙人一样，也是需要有很强执行能力。所以在磨合的过程中，是需要创始人和技术人员互相考察的。

考察期过了，并达到一定预期之后，创始人必须要履行承诺给予一定的股权，如此才能让技术基因更加牢固，企业发展也更加长远。

管理基因：别忘了管理人才的重要性

在合伙制公司的组建过程中，管理基因是十分重要的。打江山需要技术基因，而管理江山需要的就是管理基因了。初创企业在吸引了技术基因，并利用技术基因获得了投资人的青睐之后，接下来就要拿出一套行之有效的方法，让自己的企业稳定并有效运营下去。因此，毫无疑问管理类型的合伙人就是最急需的。

下面来看一个关于管理基因的知名案例。

蔡崇信是阿里巴巴最需要的股权管理基因，他毕业于耶鲁大学，取得法学博士学位，曾在瑞典投资公司银瑞达担任投资主管。1999 年，蔡崇信加入阿里巴巴；2013 年 5 月，成为阿里巴巴副主席。蔡崇信加入后，阿里巴巴在管理方面可以说是焕然一新，为阿里巴巴日后的强大打下坚实基础。

阿里巴巴在管理方面最大的成就莫过于股份和权益结构。当时对股权的管理正是由蔡崇信提起的。他把 19 份完全符合国际惯例的英文合同，让马云和十八罗汉签字。此时，阿里巴巴正式的股权结构才算完成。如果没有蔡崇信的加入，阿里巴巴也许只是个传统的家族企业。当然最终也可能会走合伙人的路线，但是一定会晚很多年。蔡崇信加入后，把阿里巴巴彻底变成了公司，并以正式合约的形式，将当初的“十八罗汉”利益紧紧地拴在了一起。

众所周知，在一开始的阿里巴巴，从团队上来看，其实是一个三无团队：无背景、无成功经历、无特别优势。

如果不是蔡崇信，就没有今天叱咤互联网的阿里巴巴。

除此之外，蔡崇信也是个善于发现并懂得培养人才的人。把阿里巴巴带上一个新高峰的下一任管理者陆兆禧就是由蔡崇信推荐的，他还全力支持陆兆禧的重大决策。如此，才有了淘宝这个阿里巴巴最为盈利的业务。

蔡崇信还负责完成了阿里巴巴集团的许多具有里程碑意义的项目。

可以说，如果没有蔡崇信，阿里巴巴的商业模式再好，马云和十八罗汉的能力再强，也很难让阿里巴巴达到如今的地位。因此，蔡崇信这个合伙人就是最强的管理基因。

那么，如何才能找到像蔡崇信一样优秀的管理基因呢？

首先我们就要了解一下优秀的管理基因和普通管理者的区别，从区别中看到管理基因的特质，根据特质，去寻找合适、优秀的管理基因。

企业创始人有时候急于寻求管理合伙人，于是通常会把管理基因与普通管理者当作一回事。事实上两者之间是有区别的。那么，如何分清管理基因与普通管理者之间的区别呢？主要有下列几点区别（见图2－5）。

（1）对待下属态度的区别。管理者不是技术员，技术人员大多数时间是在专业的实验室或者数据室内工作，而管理者的工作主要是面对人。企业能否充分发挥人才效应，就看管理者的情商如何，能否正确对待下属。

普通管理者对下属的特点是容易情绪化。优秀的管理基因对下属的态

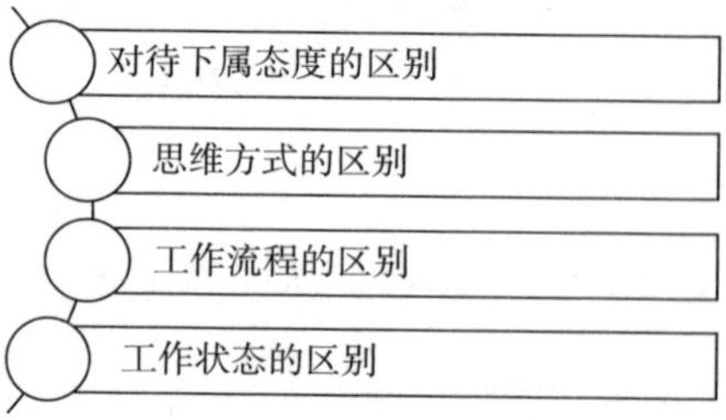

图 2－5　优秀管理基因和普通管理者的区别

度则是非常平和的，有一套自己独有的沟通理念，能够着眼大局，赢得员工的尊敬。

（2）思维方式的区别。管理基因能够理解业务模块之间的内在逻辑，能综合运用企业的多种资源，将每个要素安排到最合适的位置，把资源的效果发挥到极致。而普通管理者则能够意识到梳理业务流程的重要性与意义，然而由于缺乏基础逻辑，无法充分理解业务模块之间的内在逻辑，思维方式仍然处于简单拼凑工作的状态，不能充分利用企业资源。

此外，优秀的管理基因还特别注重表达的极简性与易懂性，在思考问题时可以灵活运用结构性思维，用形象表达方式，让下属清楚地接收到自己传达的信息。普通管理者的表达方式相对严谨，在传达工作指令时，多为照本宣科，下属很多时候不易理解。

（3）工作流程的区别。优秀的管理基因的工作方法是，对部门工作进行项目化或者模块化管理，能够基于部门或者企业的绩效要求清晰地规划部门工作路径，并不断优化这条路径，让企业的工作得以有条不紊进行。普通管理者工作的典型问题就是缺乏规划性，容易忽视团队式的工作方法。

（4）工作状态的区别。优秀的管理基因在工作状态中往往保持激情，在他们的思维中，已经形成了一种自我激励的机制，这种机制能让他们在解决问题的过程中获得乐趣，并坚持到底，见证最后的结果。

对大多数的管理基因来说，他们并不是为了钱而工作，而是为了获得成就感。普通管理者通常是为了利益，因此工作态度不稳定，通常没有太高的执行力。

所以，企业创始人在寻找管理基因时，一定要把管理基因与普通管理者区别开来，要经过深入调查、了解与评判，不要随随便便地寻找管理合伙人。

运营基因：想要裂变就要靠运营合伙人

对合伙人来说，创业过程中最难解决的是什么，资金问题？还是人的问题？合伙公司，顾名思义其核心就是合伙人，因此，最重要的问题莫过于人。李开复曾总结出这样一个道理：

创业＝大量有效的资金＋持续正确的商业决策＋高端才华员工

乔布斯也一直非常重视人才，他会把接近四分之一的时间都分配在招聘工作上，可见人才在乔布斯的眼中是多么可贵。对于互联网企业来说更是如此。除了要在技术上有过人之处，还要有管理，有资源，有懂得运营的人才。否则，一款产品再好，如果没有运营，也难以被市场接受。所以，合伙制企业在选择合伙基因时，不能忽视运营基因。有了运营基因，企业的合伙架构才完美。

在这里，我们以滴滴出行为例，说一下运营基因的重要性。

滴滴创始人程维和合伙人王刚在阿里巴巴 B2B、支付宝商户事业部期间一起共事多年。之后，他们于 2012 年离开阿里，合伙创立了滴滴打车。

王刚是初始资金来源合伙人。对一个处在风口浪尖的互联网初创企业来说，仅有王刚的初始投入是远远不够的。

他们还需要更多地融资，还需要有运营经验的合伙人。很快，他们找到了一个合伙人——金沙江创投合伙人朱啸虎。朱啸虎看到了滴滴打车的前景，几乎答应了程维他们的所有条件。滴滴终于完成 A 轮融资。

进一步的融资完成之后，接下来滴滴还是不能成功，为什么？因为缺乏技术人才和运营基因。

2012 年年底，程维请来了百度的研发经理张博，补齐了技术方面的短板。当时程维有三个 CTO 候选人，张博和滴滴是非常匹配的。

事实证明选择张博是非常明智的。在张博的技术操作下，滴滴打车初步成形，并开始盈利。但是，这样就可以了吗？对于顺应互联网潮流这样的一个打车软件，到此就可以高枕无忧了吗？否！如果没有更好的运营，一样会被后来者赶超。

接下来就是千呼万唤始出来的运营基因了。

2014 年 7 月，柳青加盟滴滴出任首席运营官。她的到来，让滴滴的面貌焕然一新。加入滴滴后，柳青协助 CEO 程维，将滴滴从单一的出租车打车平台，运营成包含专车、快车、顺风车、大家、租车等多条业务线的一站式移动出行平台，确立了在出行行业的领先地位。

由此可以看出，柳青对于滴滴起到的作用是巨大的。柳青这样的人才正是企业最需要的合伙运营基因。

柳青对于滴滴的贡献，并不单单体现在具体的产品体验上（增加专车、快车、顺风车等项目及策划红包分享活动），还体现在其对滴滴引进新合作者，以完善滴滴的战略布局上。

2014 年 12 月，由柳青主导并完成了当时非上市企业的最大一笔融资，融资额 7 亿美元。投资方为国际知名机构淡马锡、国际投资集团 DST、腾讯。

2015 年 2 月 4 日，柳青主导完成了滴滴与快的战略合并，引起了业界的轰动。

2015 年 7 月，在柳青主导下，滴滴完成了 20 亿美元的巨额融资，公司现金储备超过 35 亿美元，成为世界规模最大的一线非上市企业融资。

2016 年 1 月 26 日，柳青在发布会上宣布滴滴与招商银行达成战略合作，双方在资本、绑卡支付、金融、服务和市场营销等方面展开全面合作。同时，招商银行还作为战略投资者对滴滴进行投资。

2016 年 6 月 16 日，滴滴出行宣布完成了新一轮 45 亿美元的股权融资，新的投资方包括苹果、中国人寿，这也让这次融资成为全球未上市企业单轮最大规模股权融资。作为此次融资的主导者，柳青再次刷新行业记录。

2016 年 8 月，柳青主导滴滴收购 Uber 中国，再次帮助滴滴巩固了出行行业的霸主地位。

由此可见，运营基因在合伙人选择中的重要性。

运营基因的特点

为了能够进一步了解运营基因，我们先来将运营合伙人的特点分析一下。

通常情况下，对企业来说，如果仅是招聘一线运营人才，那么需要分类招聘。但是如果招纳运营合伙基因，就必须要掌握全方面的运营操作。

运营合伙人需要具有下列几个特点：用户运营、内容运营和推广运营（见图 2－6）。

用户运营：其工作包括扩大用户群，如寻找种子用户，吸引新用户、通过活动制造快速传播、短时内吸引大批用户，提高用户活跃度，满足用户不同需求、塑造用户之间的关系链、提升用户的参与感、对用户生命周期进行管理，包括统计流失用户、活跃老用户、唤回流失用户等。

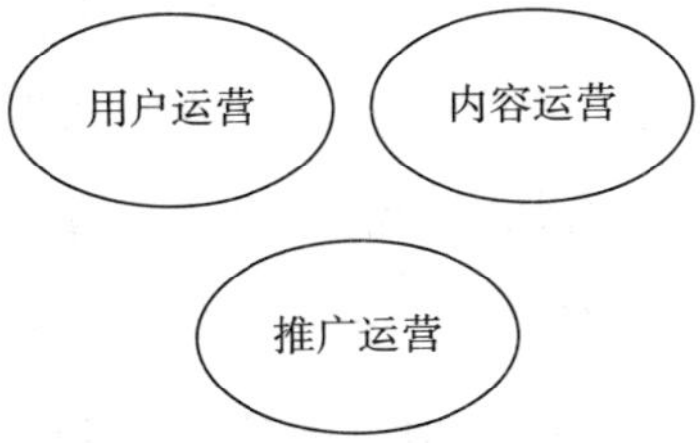

图 2-6 运营基因的三大必需特点

内容运营：产品中可供用户消费且能延长用户停留时间的因素均可称为内容，而内容运营的工作是添加并不断提升这些因素的体验感。每个产品所需要运营的内容也都是不同的。

推广运营：也可称为活动运营，运营人员需要通过各种渠道为企业获取流量，如运营操作、新媒体运营等。

运营基因的要求

对于企业来说，运营合伙人的选择直接关系到企业的长久发展。因此，企业对运营基因必须要有一定的高要求（见图 2-7）。

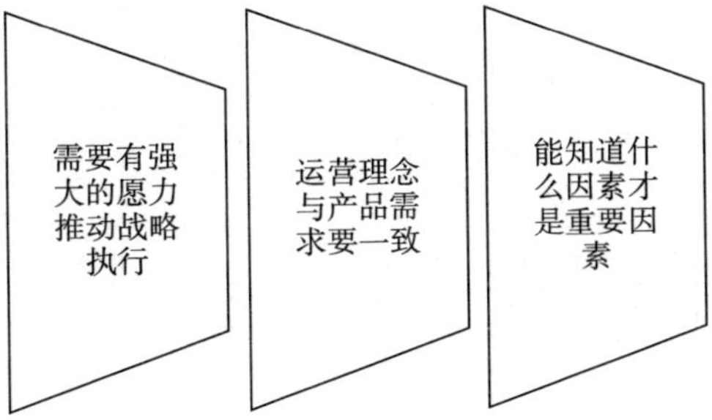

图 2-7 运营合伙人的要求

第一，需要有强大的愿力推动战略执行。能成为运营基因的人才与普通的运营人才一定是不同的，他必须要有强大的愿力去推动企业战略执行。众所周知，大多数的初创企业的产品用户基本还处于一个原始状态，因此企业需要靠运营来获取大量用户。哪怕是在没有一分钱预算、没有一个用户的情况下，运营合伙人也仍然要有强大的信心相信产品一定能成功。

第二，运营理念与产品需求要一致。一个优秀的运营基因，也必然会把自己的运营理念融入产品需求中，即使企业没有专门设置运营这一岗位，但其他岗位也能自带运营性质。2014 年 6 月爆红的脸萌在这方面就做得非常好，虽然他们没有专门运营人员，但其运营基因已经将运营理念渗透进产品的每一个环节并获得了巨大成功。

从表面看，脸萌并没有设计运营这个岗位，但是脸萌的运营基因赋予了团队中的每个角色一种“既是 CEO 也是产品经理”的意识和思维。如市场推广也是运营人员，因为通过应用商店的首页推荐，获得了用户；公关人员在各大新媒体上发文章，提升了脸萌的知名度，也是一种运营方式。

第三，能知道什么因素才是重要因素。一个合格的运营基因，必须要分清楚什么才是重要的，懂得自己的运营主战场在哪里。在产品还未上线之前需要构建出用户增长的引擎体系，而这就要求运营合伙人做到下图中的五个方面（见图 2－8）。

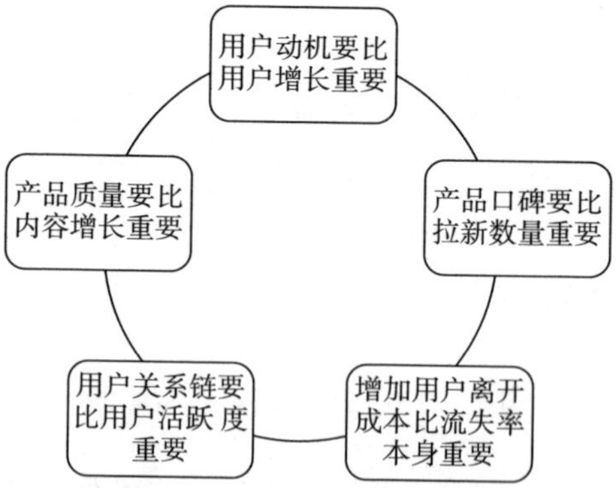

图 2－8　运营合伙人需要明白哪些是重要的运营因素

资金基因： 为自己的股权结构引进供血资金

资金基因，可以说是企业合伙中占据最大比例的一个基因因素。不少企业万事俱备，只欠“资金”这个东风。这个资金基因，会随着企业发展不断增加。

如滴滴，就随着自身发展的需要，不断为自己的股权结构引进资金基因。下面来看一下滴滴引进资金基因的历程：

2012 年 12 月，滴滴打车获得了 A 轮金沙江创投 300 万美元的融资。

2013 年 4 月，完成 B 轮融资：腾讯投资 1500 万美元。

2014 年 1 月，完成 C 轮 1 亿美元融资：中信产业基金 6000 万美元，腾讯集团 3000 万美元，其他机构 1000 万美元。

2014 年 12 月，完成 D 轮 7 亿美元融资，投资方为国际知名投资机构淡马锡、国际投资集团 DST、腾讯。

2015 年 7 月，宣布完成了 30 亿美元融资，投资方为中国平安、腾讯、淡马锡、中投公司等。

2016 年 5 月 13 日，滴滴出行宣布其最新一轮融资取得重要进展，获得海内外多家知名金融产业机构支持。其中，苹果以 10 亿美元投资本轮，是滴滴迄今为止获得的单笔最大投资。通过此次投资，苹果与腾讯、阿里巴巴等一起成为滴滴战略投资者。

2016 年 6 月 13 日，滴滴出行宣布获得中国人寿战略投资，其中包括 3 亿美元股权投资及 20 亿元人民币的长期债权投资。

2017 年 4 月 28 日下午，滴滴出行宣布完成新一轮超过 55 亿美元的融资，此轮融资将用来支持滴滴全球化战略的推进和前端技术领域的投资。

从上述的经历可以看出，在几年时间内滴滴经历了近十次融资，引进了数十位新股东。这些资金基因，不断完善滴滴的股权基因结构，让滴滴的股权更具价值性。

企业要发展，走合伙制，必须要引进资金基因。当然并非所有的拥有资金的合伙人都能引入，这需要我们懂得如何筛选招纳资金基因。

首先，资金基因的价值观和文化要与企业的一致。

资金基因是否与企业的价值观和文化一致是非常重要的问题。这就好比你想要输血给一个失血过多的人，但如果你跟对方的血型不匹配，即便你有再多的血也帮不上忙。

因此，在引进资金基因时，我们要特别关注价值观和文化观念。比如在价值观上要清楚对方是一个什么样的人，他的着重点是什么。

其次，资金基因不仅提供资金，还需要提供其他支持。

在企业有选择余地之时，不能单纯地选择那些提供资金多的合伙人，还要看对方是否能给自己带来其他方面的支持。投资人的业务、资源和人脉也是考虑的因素，或者投资人能否在管理、财务、行政、HR 方面提供更好的服务建议。如腾讯投资摩拜单车之后，不仅注入了资金，还为摩拜带来推广上的支持，提高了摩拜的用户量。

第三，不要求投票权。

在寻找资金基因时，企业创始人还应该要看对方是否要求投票权，或者是否能把投票权委托给自己。如果要求投票权，又不能把投票权委托给自己，那么这种资金基因最好不要引进，因为这样的合伙人很容易在融入资金之后，夺取企业的控制权。京东在引进腾讯的资金时，就要求把投票权委托给刘强东，因此，虽然刘强东并不是京东的第一大股东，但仍能牢牢地控制京东。

了解了资金基因的特点之后，我们就能更清楚地知道如何筛选资金基因。实际上，创始人千万不能为了快速获得资金，而决定谁的钱多就选谁。企业创始人一定要擦亮双眼，不能为了“钱”而失去了企业的控制权。

资源基因：丰厚的资源决定企业的体量

在很多时候，企业走合伙制，不仅仅需要资本、技术、运营等基因，还需要资源基因。如果有一个合伙人可以提供给企业最需要的资源，那么企业创始人就可以招纳为合伙人，给其股份，让其成为股权结构中的一部分。

如靠谱鸟就用股权换取了自己所需要的资源。靠谱鸟是一个互联网社交金融品牌，成立于2014年，隶属于北京就帮我投资咨询有限公司，主要为北大清华等高校的校友提供校友圈理财投资以及P2P网络借贷平台。

北大清华等著名高校毕业的校友可以在该平台进行P2P个人信用贷款，同时靠谱鸟还为实名校友提供筹钱、筹人、筹资源等服务。总之，靠谱鸟以金融项目合作，为校友撮合金融O2O服务。

这样一个有大量需求空间的企业，为了长远发展，不断招纳资源合伙人。2015年，靠谱鸟的创始人愿意以9%的股权来招纳具有金融需求资源的合伙人。

无独有偶，旅行网站比得网也曾极其渴望具有航空旅游资源的合伙人加入，企业愿意以9%～20%的股权吸引拥有航空旅游资源的合伙人。

从这些案例中足以看出资源基因在合伙人寻求中的重要性。同时，这也告诉我们，如果你的手上有对方企业迫切需要的资源，也可以成为企业的股东合伙人。

当然了，对企业来说，在招纳资源合伙人时，同样也需要擦亮双眼。

从短板中找资源

企业寻找资源合伙人时，往往会根据自己的短板寻找。此时，如果能用一小部分股权换取弱势部分的资源，就可以弥补自己的短板，这对企业的发展壮大来说，是不错的选择。

打个比方，如果企业在销售渠道方面的资源欠缺，那么就可以寻找有销售渠道资源的合伙人，让其成为企业的资源基因。

如 Uber 在印度的公司就与当地媒体集团《印度时报》旗下的数字部门 Times Internet 达成了战略合伙。合作的模式是 Uber 需要在印度专门成立一个实体公司，并由 Times Internet 对该实体注资并持有股权，Times Internet 将会在自己公司内部派驻一名高管（资源合伙人）进入 Uber 在印度的实体董事会。

Uber 为什么要与 Times Internet 合作？因为印度是 Uber 的第二大市场，Uber 要继续扩展这一市场，而《印度时报》是印度历史最久、规模最大的媒体集团，其核心业务就是电视、杂志、广播等渠道上的媒体资讯。如此一来，Uber 可以借用对方的资源在印度进行大范围的广告宣传，让自己在印度市场上占据绝对优势。同时，这也恰巧可以弥补 Uber 的短板，为它在印度的扩大发展打下基础。

根据资源性质分配股权

企业在引进资源基因时，还应该慎重考虑股权分配多少才合适的问题。企业可以根据资源的性质进行股权分配。

在下列几种情况下，企业可给予资源合伙人多一些股权：

（1）该资源是企业急需的；

（2）该资源产生的价值是长期的；

（3）该资源可给企业带来极大效益。

例如某公司打算转让40%的股权，要求接受方必须是煤炭投资者，并且是在依法设立的从事能源基础产业投资的企业法人，同时还具有良好的财务状况与支付能力，还必须提供在挂牌期间由银行出具不低于30亿元的存款证明。

该公司之所以要转让40%这么大比例的股权，是因为公司在资格证明资源以及资金方面十分稀缺。资格证明给企业带来的作用无疑是长期的，因为可以根据这一点来合法合规地开采能源；因为企业资金缺乏，引进大笔资金可以解决自己的燃眉之急。这两方面恰恰都是该公司急需，所以该公司才会决定出让40%的股权换取短板资源。

第三章

合伙形式

搞懂合伙的形式才能独占鳌头

很多人对合伙人及合伙企业的概念容易混淆，认为合伙人就是股东。实际上，法律意义上的合伙企业与管理意义上的合伙人制度存在很大区别。管理意义上的合伙人通常已超越法律意义上的合伙人概念。合伙人不同于股东，他是参与企业经营并与企业一同成长、共担风险及收益的相关利益人。

事业合伙人：从利益共同体到事业共同体

我们都知道万科实行的是事业合伙人制。在如今这个“职业经理人可以共创、共享但没有共担”的时代下，职业经理人已经趋于边缘化。如果遇到巨大行业风险，职业经理人将会无法依靠。因此在将来，职业经理人会消失，取而代之的是事业合伙人。

经济学家凯文·凯利在其著作《失控》中提到这样一句话：“混乱会产生秩序，而稳定则带来死亡。”

在这里，特别需要指出《失控》的核心并非“失去控制”，它主要讲的是人类智慧的构成：在蜂群式的集体中，每个个体都要受到周边的影响，要嵌入别人的行动之间，在一个生态体系里面运行。这个整体是无中心的，但它的创造力却极大。

为什么职业经理人未来会消失？因为职业经理人最大的一个特点就是不能与企业共患难。

职业经理人往往都是企业高层管理的中坚人才，尽管职业经理人可以共创共享，但却无法做到共担。一旦企业遭遇巨大风险，职业经理人难以依靠。

我们都知道万科的做法是打造事业合伙人，通过股票跟投和项目跟投的方式，将职业经理人变成“自己人”（见图3－1）。

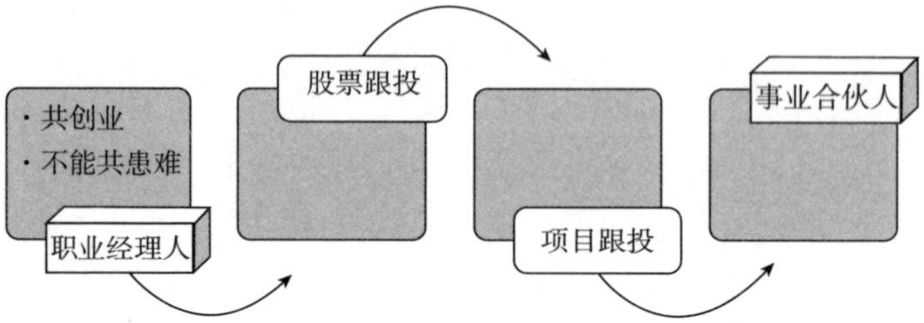

图3－1　万科将职业经理人打造成事业合伙人

所谓“跟投”是投资你的项目或者公司，并且给出一个“捆绑”承诺。有了利益上捆绑的驱动，就能打破原有职业经理人的顽疾，让组织机构呈现扁平化，合伙人共享收益和分红。

下面来细看一下事业合伙人的特点和分类。

事业合伙人的两大类别

从企业管理角度看，事业合伙人分为两种情况。

第一种，支持企业发展的中高层管理者，以及对他们所实行的较为特殊的管理机制。

很早以前，人们把企业中的管理人员分为三种人。一种是利益共同体，另一种是事业共同体，还有一种是命运共同体。

这三种里面，命运共同体显得太过高大上。能够通过事业联接起来的，往往是对企业经营承担责任的管理团队。因此，通常认知中的事业合伙人，往往是指企业中高层管理者。

事业合伙人与之对应的基本是持股计划。因此，很多人通常会将事业合伙人计划理解为核心人员持股计划。

第二种，不分企业级别，在企业内部作出贡献的人员，都分别是该平台的事业合伙人，通过分享各平台价值，最终形成企业整体发展的一种管理方式。

尽管如此，事业合伙人也有一定的局限，企业创始人需要客观正视事业合伙人。

由于都是统一在企业资本平台上采取股权激励，事业合伙人之间的贡献大小也就难以客观评价，易形成“搭便车”现象，导致“干多干少一个样”。此外，很多事业合伙人主观性过强，易形成“小团体”。

事实证明，事业合伙人的良性发展会帮助企业快速成长，但一旦出现问题，则很可能威胁企业的发展。

因此，如何让事业合伙人成为一种管理机制，而不是一个群体，这是企业在实行事业合伙制时同步面临的问题。

事业合伙人的原则

第一个原则，价值创造者参与价值分配。

这个原则看上去没什么意义，但其实意义重大。原因在于以是否创造价值为标准，所有的工作可分为三种（见图 3 –2）：

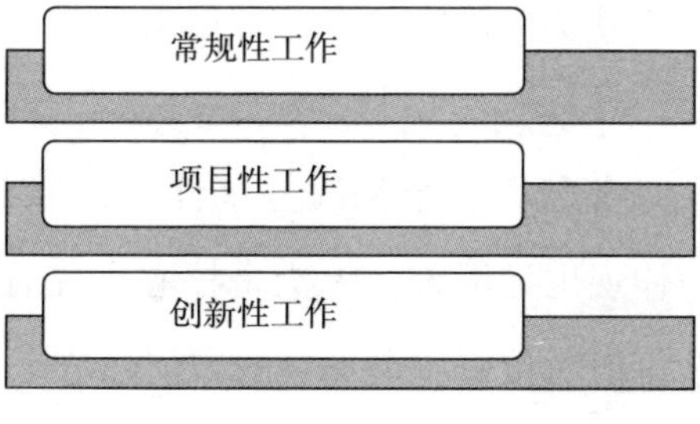

图 3 –2　事业合伙人工作类型

一种是常规性工作。以此工作为主的人，不会创造价值，只是生产价值。例如收银员，他的工作就是收钱，其价值只是完成工作流程的环节，参与业务流程整体的价值创造。这种工作就叫生产价值，而不是产生价值。这类人员一般不应参与价值分享。

另一种是项目性工作。以此工作为主的人，通常会按照既定的计划来创造部分价值。比如某服装设计人员，按照要求完成试图稿，他的价值就是按时完成任务。这类人员可参与价值分享，也可不参与，取决于企业的实际决策。

第三种是创新性工作。以此工作为主的人，需要创造性地开展工作。比如创新研发人员。这类人员引领企业的发展，是真正价值的创造者。所谓价值分享，应该就是和这类人的分享。

从这些方面，我们就很容易分辨出哪些是真正的事业合伙人了。首先要特别说明的是，在这个基础上一定要建立淘汰机制。

第二个原则，价值创造者应当参与创造价值部分的分享。

对于这个原则，换句话说就是你为一个产品创造了价值，就会参与这个产品的价值分享；你为一个公司创造了价值，就参与这个公司的价值分享。参与分享的平台小于创造价值的平台，则产生分配不公平；参与分享的平台大于创造价值的平台，则产生搭便车。

第三个原则，价值分享不仅要分享所创造的价值，更要分享创造价值所产生的增值。

如果事业合伙人只参与了一个利润分享计划，那么一来激励性不强，二来对企业最终价值体现也是损害。无论是核心人才看重的，还是企业推行的，其实都是创造价值对接资本市场后的增值部分。

也许有人会认为第二个原则和第三个原则之间互相矛盾。按第二个原则，企业内部需要建立多个分享平台，而按第三个原则，企业的流通性只能是一个或几个平台。事实上，对企业来说，运用的关键在于与企业实践的对接，更要根据实际情况来具体运用。

实行事业合伙制，起到的作用如下图（见图3－3）：

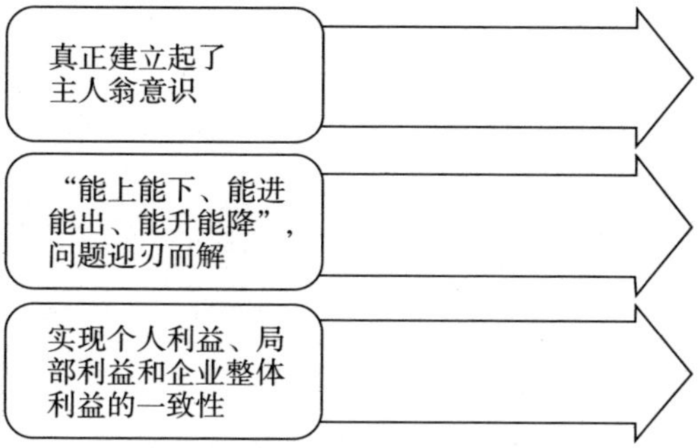

图3－3　事业合伙制的意义

众筹合伙人：最强合伙制模式来袭

在创业的海洋中，有生存下来的就有死去的，也有九死一生的。很多在今天看来成功的创业公司，当初都是经历九死一生才看到光明的。譬如阿里巴巴、小米，他们的成功在于找到了一条与传统企业不同的道路——合伙制。

马云在1995年时，曾经试图做中国黄页，但是却以失败告终；1997年开始在网上做商品交易市场，算是阿里巴巴的原型，但依然失败。如今我们看到成功的阿里巴巴背后是什么呢？是马云和他的创业合伙人的努力。如果说当时就有“众筹”二字的话，那么当初马云和他的合伙团队就是较早的“众筹合伙模式”。他们众筹的不仅是有限的资金，更众筹了头脑和运营思路。

无独有偶，再来看小米。小米创始人“雷布斯”雷军在小米成立第一年，花的最多时间不是搞产品，而是找人。他要找的是合伙人，是绝对优秀的团队。当然，小米的成功不仅是在人员方面的合伙，在资金、硬件技术等各方面，都加入了众筹模式。

做老板的要负责将整个创业公司团队搭建完善，从内到外，从资金到合伙人，都需要保证顺利、完美。而从阿里巴巴和小米的案例，乃至更多当下成功的创业、公司运营案例中，我们可以看出，合伙 + 众筹的模式，似乎是最强的合伙制机制，值得更多企业借鉴。

搭建众筹有限合伙企业

众筹模式是一种投资模式，而这正是合伙制需要的一种条件。企业想要将合伙模式与众筹联系在一起，更好地创业，毫无疑问就需要搭建完善的众筹有限合伙企业。

创业者可以通过众筹的模式将大众投资人聚集起来，这些投资人每人出一部分资金一起成立一个有限合伙企业。这样每个投资人就成为了公司的股东，并且享有公司盈利后的分红权利，因此这样搭建的企业就是有限合伙企业，而众筹也是这种合伙制的必要条件。

下图可以详细展示众筹有限合伙企业的模式（图 3 –4）：

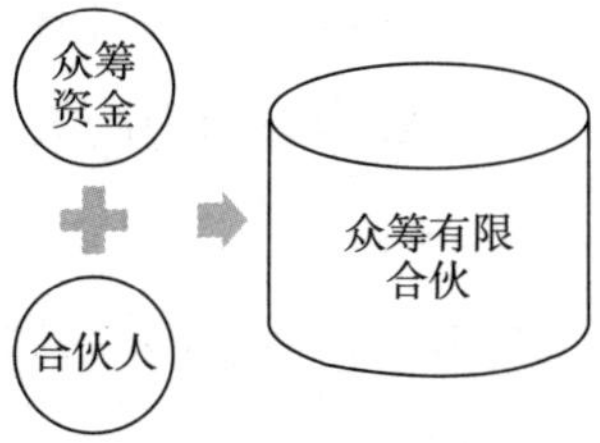

图 3 –4　众筹有限合伙模式

我们可以举个简单的例子，譬如你是一个年轻的创业者，想要在移动电商方面搭建一个美妆用品的电商商城。尽管你有一个好想法，但是在技术团队和资金环节有些薄弱。面对强大的移动市场，你为了加快创业步伐，可以寻求投资人的帮助，将自己的创业点子传递给投资者。投资者如果看好你的创业点子，那么就可以入资资金。有了资金之后，你还需要招募合伙人，比如技术合伙人、市场合伙人等。

有了众筹资金和合伙人，那么你的美妆移动电商平台就可以做起来。那些众筹者会成为你的最初股东，享受分红，但不会参与公司运营事务，也自然不必担负亏损风险。而合伙人则需要承担劳务、运营事务上的各种责任，将公司一起做大。

当前很多创业公司都是这样做的，而且这种方式也给更多年轻的创业者提供了机会，让他们在资金、合伙人链条方面得到弥补，可以借助更强的桥梁踏上创业之路。而这也将是未来最强，也最灵活、流行的合伙制企业模式。

众筹股东必须有一个影响力人物

在众筹与合伙制的企业搭建中，众筹是一个关键环节。无论你是创业者，还是已经运营公司的经营者，众筹的目的就是要获得更多资金，同时还要吸引更多有代表性人物的加入。

因此，在众筹环节中，众筹股东中必须要有一个或者一些影响力较大的人物，最好是有代表性，有权威、影响力的人，只有这样才能吸引更多股东跟进和合伙人的加入。

在一个合伙企业组建过程中，企业本身能给众筹者和合伙人带去多大的价值，他们就会赋予企业多高的影响力。大多数的客户，或者订单，之所以会跟进，也许是因为看重这些众筹者或者合伙人的社会资源和影响力而来。所以在众筹搭建合伙企业的过程中，一定要做好股东结构。众筹股东的结构要有压轴者，也要有做门面的圈层，还要有真正操心的中坚力量。

无论如何架构，能够为企业真正贡献活力的股东要占到七成，因为他们是资源需求和供给都旺盛的一部分。换句话说，他们的价值比较大。下面我们以图解来呈现（见图 3－5）。

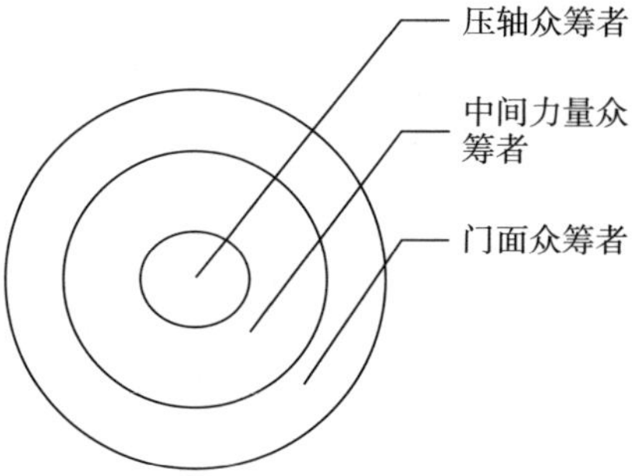

图 3－5　众筹股东结构图

再举个例子，你要众筹创建一个合伙制日式料理店（类似“深夜食堂”那种店面）。事实上，料理店本身依靠卖食物得到的利润并不多，那么为了给股东一个明确的赢利预期，就要为众筹股东做好增值服务，提升料理店的附加值。如在料理店里植入一些众筹者影响力的隐性广告，设置大屏幕媒体，推广影响力合伙人的书籍、作品等，甚至还可以鼓励股东提供物品赞助等。这样一来，料理店和众筹股东以及合伙人都有利可赚，而且还能得到更大的影响力和知名度，所以自然也就能吸引更多的众筹者和合伙人。

众筹合伙制的核心是管理好期望。在预期管理上，企业要传达给股东 60 分的信心，但是给自己要制定 90 分的要求，而对合伙创业团队的要求要设定在 100 分，这样才可以真正提高合伙制企业的效率。

股权合伙人：直通资本市场

自从以新东方三个创始人为故事蓝本的电影《中国合伙人》上映之后，“合伙人”商业模式就得到各行各业的热捧。但是，“合伙人”的商业模式精髓是什么？如何才能确保“合伙人”齐心协力谋发展？众多企业为此不断摸索和寻求创新，希望能够尽快找到合适的契合点。

股权合伙人模式是被很多企业实践并且获得了巨大成功的合伙制模式。因为股权合伙模式能够在最大程度上让合伙人直通资本市场，让合伙人在利益共享方面获得巨大的分红。

事实上，股权合伙人关心的问题有很多，不仅仅是设计一个股权分配机制。下面我们来看一下股权合伙人的相关事项。

合伙人中是否有大家信服的“老大”

企业的股权架构设计中如果“老大”不清晰，企业股权就很难分配。创业公司要么一开始就有一个明确的“老大”，要么经过磨合期，出现一个“老大”。很多公司之所以引发股权战争，就是因为没有一个清晰的“老大”，例如真功夫，一场“小舅子和姐夫的争夺战”，让真功夫的股权结构出现了崩裂。这也是股权“五五分”带来的恶劣影响。

企业有明确的“老大”，并不代表专制。如苹果、微软、Google、BAT、小米……这些企业都有一个明确的“老大”，但是并没有实行专制体制。当“老大”不控股时，企业会通过 AB 股计划、事业合伙人制等确保“老大”对公司的控制力。有关团队的决策，可以民主协商，但意见分歧时必须要集中决策。

在公司的股东会与董事会层面，“老大”只对公司保有控制权。“老大”在底层运营层面适度失控，公司才能走出“老大”的短板与局限性。

根据数据统计，有接近 15% 的企业都没有明确“老大”。这会影响到这些企业的决策效率，甚至引发创业团队内部的股权战争。

合伙团队是否完全按出资比例分配股权

在过去，如果一个公司的启动资金是 100 万，出资 80 万的股东即便不参与创业，占股 80% 也是常态。然而在现在，只出钱不干活的股东已经被“掏大钱、占小股”取代。在过去，股东分股权的唯一依据就是出钱多少。但现在“人”成为了股权分配的最大变量。

很多创业企业的股权分配，往往会根据创业团队当下的贡献，去分配公司未来的利益。创业初期，很难评估各自的贡献，创业团队早期的出资情况就成了评估团队贡献的核心指标。这样一来，直接导致那些有钱但缺乏创业能力的合伙人成为了最大股东，而有创业能力却资金不足的合伙人却成为小股东。很显然，这十分不合理。正确的建议是全职核心合伙人团队的股权分为资金股与人力股，资金股占小头，人力股要占大头。

人力股必须要和创业团队四年以上全职的服务期限挂钩，分期成熟。对那些出资合计不超过 100 万元的，资金股合计最好不超过 20% 。

根据美国一家专业机构的数据统计，有近50%创业企业都是按照出资比例分配股权。按照出资比例分配股权，可以是一个结果，但一定要慎重。

对于那些不是按照出资比例分配股权的创业企业，也需要有决定合伙人股权分配数量的公平合理依据。譬如技术、贡献值、风险承担等。

合伙团队是否签署了合伙人股权分配协议

创业团队股权的一些进入机制（如激励股权预留、股权比例与出资比例不一致等）与退出机制（如分期成熟、回购等）往往很难写进工商局推荐使用的标准模板公司章程。因此，我们建议，合伙创业团队针对股权进入机制与退出机制应该单独签署合伙人股权分配协议。

如果没有一个合理的股权分配协议，那么合伙人在退出时，就会发生很大分歧，这会让企业陷入十分不利的状态，很可能散伙，最终导致企业破灭。

举个例子，有个合伙人早期出资10万元，持有公司25%的股权。他在干满半年就离职了。离职后，这位合伙人坚决不同意退股，他的理由如下图（见图3－6）：

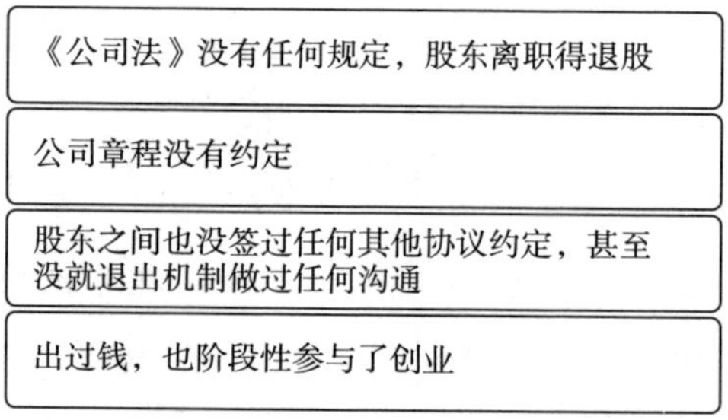

图3－6　不同意退股的离职合伙人的理由

其他合伙人认为不回购股权，既不公平也不合情理，但由于事先并无约定合伙人的退出机制，对合法回购退出合伙人的股权束手无策。

为避免发生这样的状况，股权合伙人需要做好下面几点：

（1）企业初创期，合伙人的股权分为资金股与人力股，资金股占比小（通常占 10% ~20%），人力股占比大（80% ~90%），人力股至少要和四年服务期限挂钩。

（2）一旦合伙人离职，资金股与已经成熟的人力股，离职合伙人可以兑现，但未成熟的人力股应当被回购。

（3）合伙人之间要先针对退出机制的公平合理性充分沟通理解，做好团队的预期管理，然后再做好落地方案。

外部投资人是否控股

事实上，不仅创业者，还有很多非专业机构的投资人也对股权缺乏基本常识。比如，我们看到，有某个投资机构投 70 万元，创始人投 30 万元，股权一开始就“粗暴”地做成 70 ： 30。

项目经历了 3 年之后，创始人认为，自己既出钱又出力，最后却成了个小股东；自己辛辛苦苦带大的“孩子”（公司）却叫别人“爹”，这样十分不公平。

市场中有很多上市公司热衷于拿钱投资创业公司，然后控股创业企业。他们认为，股权抢的越多越好。很多初创企业，一开始把股权当“大白菜”卖。

等到公司启动融资，发现股权结构不对，想对股权架构进行调整时，却发现难上加难。

因此，如果没有在创业早期就调整好股权结构，会给后续合伙人与机构投资人进入增加许多障碍，甚至还会限制公司的整体发展。

是否给未来高端人才预留了一定比例的股权

创业就像接力赛，需要分阶段且有计划地持续招募高端人才。股权恰恰是吸引人才的最重要手段。因此，创业团队最初在分配股权时，一定要有意识地预留一部分股权放入股权池，为后期招募人才做好准备。

个体合伙人：创新多维一体的合伙模式

在合伙制的模式中，企业还可以招募一些个人合伙人，共同打造企业的发展。在个人合伙制的模式中，企业为了能够可以更好地发展，获得较大知名度，还应该不断创新，摒弃传统意义上的合伙人模式，打造创新合伙人模式。

如何创新？要根据市场的变化和当前创业者的需求和心理，结合这些要素，才能打造出一个完美的创新合伙人计划。

合伙制可以和企业融合为真正利益共同体，合伙人的专家团队也会提出更多一站式解决式服务，全面为企业出谋划策。随着“互联网+”的发展，很多新型企业纷纷在个人合伙制方面创新出奇，给更多合伙人带去了机遇，给市场带去了新鲜活力。

O2O+C2B+众筹，多维一体的合伙模式

在前面我们讲述了“众筹+合伙人”模式，成为当前的火热合伙模式。随着“互联网+”的发展和大数据的逼近，个人合伙人模式也在不断更新和变化。多维立体化的合伙方式似乎更受年轻群体欢迎。

“O2O + C2B + 众筹”是一种多维立体化的合伙模式，主要的含义是打通线上线下，并将消费者和企业之间联合带动，用众筹的方式吸引合伙人，组建有创意的合伙制。

当然符合这种合伙制的企业最好在线上和线下都有一定的市场份额，比如线上要有电商商城和产品线，在线下也要有体验店，在市场中更要有号召力的经销商、消费者、粉丝群体。例如下面这个企业的做法是：

老板电器在 2015 年 8 月 27 日推出了经销商持股计划，这个计划中规定：允许部分经销商以 40.78 元/股的价格购买公司股票；同年 12 月 24 日，所涉股票完成购买 728.12 万股，占公司总股本的 1.50%。

这种方式大大促进了经销商的热情和干劲。

生态链上经销商与厂商通过有效的合伙人模式在很大程度上实现了利益捆绑，各经销商通过自身的努力，为公司创造效益，并最终获得双赢。老板电器正是通过建立有效的、长期的经销商激励制度，使企业得到了快速发展，并一举成为中国厨电行业的“领头羊”。

经销商持股计划也成为了众多 A 股消费类上市公司的选择，其思路与老板电器经销商持股计划极其相似，目的是经销商通过持有上市公司股权，做大公司业绩，分享业绩成长带来的市场销量增长，从“内在”解决经销商非体制内的问题。

与此类似的还有激励粉丝和消费者成为企业合伙人生态模式，如 OPPO、vivo 就开展了这种多维立体化的合伙制，不但让 OPPO、vivo 在线下覆盖率增大，而且还拉动了线上品牌商城的知名度。同时，OPPO、vivo 的合伙人也会因此获得更多利润和收益。在如今大数据“互联网 +”发展情势下，这种创新合伙制可谓开辟了一个新的合伙时代。

开放协同式合伙制

在合伙制中，企业还应该换个角度来思考问题，比如开放式协同创新的合伙制。一家公司，想要获得突破和创新，外在力量是逃脱不了的，那么这些外在力量也可以成为企业的开放合伙人。

全球最大的芯片公司英特尔就是这样做的。协同创新是英特尔打开未来市场的一把重要钥匙。

在一开始，英特尔想要获得创新和技术上的新突破，于是采取了一系列的措施，例如借助政府支持、厂商、学界、研究机构的帮忙等方式。后来英特尔负责人认为与其合作，不如合伙。

英特尔从2010年开始，着手调整转型管理机制，对协同创新模式进行的探索也从未停止。英特尔与世界顶级的学术研究机构的研究人员进行直接的合作，还与之进行了“合伙”协同——采取了开放知识产权的方式。换句话说，英特尔公司等于在全球拥有了更多的“创新协同合伙人”。

首先，这些科技中心虽然是由英特尔提供资金支持，但却是由英特尔的研究员与一些科研骨干共同主导的。因此，这也可以让英特尔产品更快速适应用户需求。同时，这些研究人员又拥有丰富高端的知识、技能。其次，英特尔以开放式的国际合作为模式，支持各国学术伙伴共同合伙工作研究。第三，科技中心采用开放知识产权模式，研究的结果通过开源软件和公开技术文件开放给公众使用。

这种开放的做法很显然会吸引大量开发者、投资者加入其中，成为英特尔的合伙人。这样也能让英特尔的产品研究变得更加丰富，不仅让英特尔和研究人员受益，还会为整个行业和消费者造福。

生态链合伙人：从厂商到经销商的外部合伙模式

什么是生态链合伙人？它的含义是指企业把供应商、经销商、客户、有资源的人等发展成合伙人的模式。

此类合伙人一般不是指企业内部员工，他们往往不会参与企业的内部管理，只是以股权比例的多少来划分利益而已，换句话说是外部合伙人的范畴。

在这方面，美道家（美容 O2O 平台）做得很好。2015 年，美道家上门美容 O2O 平台连续开拓新城，并在广州、深圳、杭州、成都、唐山等 18 个城市入驻。

美道家的城市开拓计划主要是在各个城市招募城市合伙人，给予共享平台资源，将美道家的战略规划和盈利模式等共享给更多的城市合伙人。

美道家创始人于明山摒弃了传统线下美容院存在的高价位、不透明、提前售卡消费、频繁推销等通病，借助移动互联网和传统行业相结合的创新模式，大幅度降低成本，并且主张信息透明，在产品上追求安全质量，在服务上建立科学的体系机制，实现用户及时反馈和监督。

美道家上门美容的出现开启了美容行业的变革之门，让该领域重新回归至关注美容本身，让每个顾客获得极致的服务和体验。根据资料显示，美道家为此拿出了49%股份给省级合伙人，这也是较大规模的外部合伙人的范畴，是生态链合伙人的新形式。

生态链合伙人最大的特点就是以人为本，同时吸引更多外部优秀的合伙人。

这一类合伙企业多为前几节中我们综合所说的几种模式的集大成者，但合伙人平台的建设理念仍以人为核心，以人为本。生态链合伙人的代表企业有安家万邦、海尔等。

生态链合伙人制度较其他方式更为开放创新。它打破了企业内部纵向决策、横向分工的组织体系，由企业建立一个支持平台，在这个平台上以合伙人牵头建业务团队。各业务团队独立决策、自负盈亏。同时，合伙人对项目保有充分决策权，享有项目收益，因此工作积极性很高，归属感极强。公司的角色由领导者变成支持者和辅助者，为他们提供技术、人事、生产资料等支持，让人才以公司为平台进行内部创业。

安家万邦，作为新三板第一家为房地产及社区运营提供服务整合的平台型企业，顺应发展趋势，以合伙人机制为内核建设创新创业孵化平台。

安家万邦利用合伙人模式为行业人才提供了更好的生存发展环境，同时安家万邦又依托人才荟萃的合伙人团队为客户提供更多元、优质的项目服务。

安家集团除场地设施、行政人事、财税法务等常见创业支持外，向合伙人分享公司的品牌、业务、运营、场地和资金，让合伙人利用安家的资源实现盈利、实现创业梦想。同时，安家集团在这个过程中，也与合伙人群体共生共长，形成了庞大的商业生态闭环。

从另一个方面来看，生态链合伙人是从厂商到经销商的一个外部合伙模式。举个例子，一个合伙人加入了某大集团的江西区域外部合伙人制度体系，他将上下游渠道商、供应链以及营销团队整编成一个有机整体，成立了与个体密切相关的合伙人平台公司，进而打开了该产业链的资源，共同铸了一个生态模式的大平台，改变了该集团以及各区域上游的压货、压利润的现象，同时也改变了下游的经销商只要政策支持的局面，这样它们形成了利益共同体，共同把这项事业做大。

当然，生态链合伙人模式也存在一定的风险，最好的方式是以合伙企业的形式出现，尽可能避免直接注资股份的方式。除此之外，我们还需要注意图3－7中的几点。

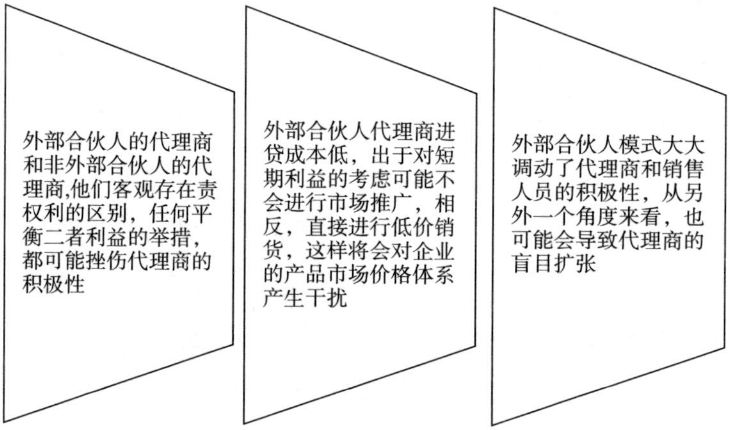

图3－7　生态链合伙人的风险和注意点

针对这种现象，对生态链合伙人的激励措施可以采取如下的模式：公司激励股权总份额占30%，同时公司为保证代理商的切身利益，公司不管是否盈利，优先拿出0.5%作为分红分配给完成目标任务的代理商合伙人。

举个例子，某公司2017年实现了业绩目标1000万元，那么一个代理商的实际收入就是：分红＋股权

（1）最低0.5%利益分红额为5万元；

（2）公司激励股权份额300万/N（N为所有符合条件的总代理商人数）。

第四章

合伙原则

立下的规矩哪一条都不能违背

任何形式的企业都要有规矩，无规矩不成方圆。合伙制企业也一样，唯有规则支撑，才可以让合伙持续下去。诸如合伙时的矛盾冲突、利益共享、管理运营、权责对等、全身退出等运营规则，需要逐一加以明确制定。合伙人只要按这些规则办事，便能保障企业运转平稳、合理前进。

“生死契约”法则：出钱出力要“明码标价”

合伙制最重要的是什么？是共担。所谓共担就是共同承担风险，共同承担治理责任。过去，很多人理解合伙制，认为只是出力不出钱，事实上真正的合伙制是既要出钱还要出力。合伙制中人力资本与货币资本之间不再是一种简单的雇佣关系，而是由雇佣关系转向合伙关系，或者是多重泛契约关系。

所以企业走合伙制路线时，必须要清楚一个合伙原则，那就是“生死契约”原则。合伙制企业需要组织建立一个平台体系。同时，组织内部核算单位需要划小，平台化管理，核算要划小，平台责任与小微责任，这也是数据上移、责任下沉、权力下放、利益共享的体现。

数据上移指的是信息要对称，责任下沉就是要大家共同承担风险，承担共同责任，只有这样才能做到权力下放、利益共享。

那么首先一点就是，出钱出力要明码标价。

有这样一个案例：

一对小两口想要做快递业务，但是由于人手和资金不足，所以招募了一位好友作为合伙人。小两口出 5 万元，合伙人出资 4 万元。由于刚开始创业，很多东西都不完善，三人必须都要投入工作中。第一个月，小两口就拿到了一个大项目，但是当月，另外一位合伙人并不在公司，没有参与这个项目。这样，在第一个项目的分红上，三人就起了争议。

关于后期分红如何计算，怎样才能合理公平，又不影响感情，是三人急需解决的最大问题。

实际上无论是小公司还是大企业，只要是合伙制，出钱出力创业时，都很可能会面临这种问题。一不小心，很可能就会闹“分手”。

合伙创业分手的案例不在少数。起初或许只是因为兴趣合伙一起创业，从未想到会有更多资本进入。当有大量融资袭来时，往往内部最先崩盘，各自以自己的标尺去权衡所谓的公平。“权”和“钱”的纠纷直戳人性。

合伙人之间从内部“撕扯”到外部，最后结果往往是“鱼死网破”，公司最终倒闭、投资人清算资产，互相分道扬镳，甚至有些合伙人还会选择在互联网媒体上“掐架”，闹得十分难堪。

对类似于上述这种合伙做快递的小公司来说，为了避免后续出现“撕扯”或者“分手”乃至公司破产的结局，必须要彼此之间敲定并且签订合伙协议，双方约定好经营管理、分红、债务问题。也就是我们所说的要签署“生死契约”，出钱出力要明码标价，获得的分红也要明确明晰。

在出钱出力的原则上，我们要清楚两大点（见图4－1）：

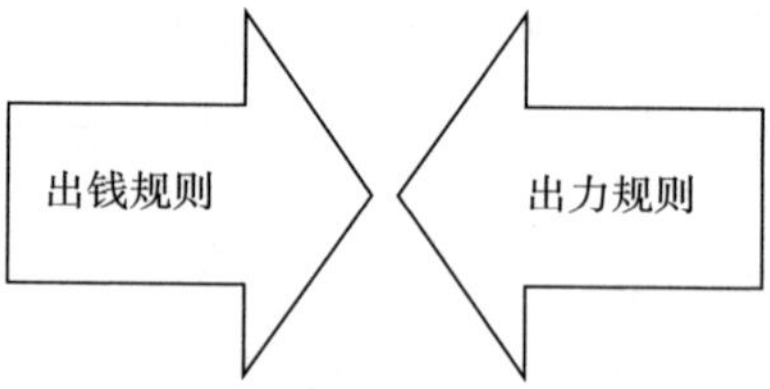

图4－1　出钱出力规则

第一，出钱规则：双方合伙人各出多少钱，其中的差额如何平衡，股权如何划分。

这些都是最重要的出钱原则，白纸黑字，在纸上清清楚楚地规定好彼此的出资，才能在日后分红或者出现问题时，及时合理地解决。

卢卡斯是美国洛杉矶一家小家电工厂的老板，由于工厂生产的产品质量优质，再加上市场热捧，工厂成为当地的小家电龙头老大。然而好景不长，随着市场变化，人们需求变化，家电产品在智能科技方面不断突破，很多企业纷纷兴起，以新产品、新姿态冲破市场，打破了传统小家电行业的发展。因此，卢卡斯工厂的产品销售额下降，市场很不景气。

面对危机，卢卡斯经过综合思考，认为企业需要转型才可以扭转局面。当时，在市场中有一个零件需要从日本进口，花费高昂。于是，卢卡斯想要自己研发这款零件产品。

在技术部门的指导下，卢卡斯发现这款产品并不难做，但是却缺少资金。于是，他就想到了合伙制。他找到了公司的 5 个技术高层管理者，邀请他们入伙，共创合伙制，研发这款新产品。

然而在合伙制具体的操作方面却出现了问题，原因是合伙出资和分红的事情出现了争议。卢卡斯想到这个问题之后，便开始着手在出资方面做准备，他拟出了一个出资和合伙人之后的职务、负责的事情、利润分配等协议，然后说服了这 5 名高管。最终这 5 名高管都成为了这个项目的合伙人。其中一个合伙人出资 20 万美元，成为了经理，另外三人分别出资 10 万美元，还有一人出资 5 万美元，都成为这个项目的股东。

这 5 名合伙人出资之后，卢卡斯发现他们工作起来也比平常更加用心，5 名高管负责的部门相互团结协作，只用了半年时间，就将新产品研发出来。接下来的半年，合伙公司迅速投入生产，当年的业务额出现了直线上升，这个项目为公司带来了 500 万美元的销售额。年终，卢卡斯又根据出资合同中的规定，给这 5 名合伙人分别做了分红和利益分配。

我们可以很明显地看出，合伙制可以为传统雇佣制带来颠覆和巨大利润，只要做好合伙制的出资问题，就等于合伙制成功一半了。

第二，出力规则：双方如何分工，谁干什么，负什么责任等问题。

在这一点上，我们要找到出力合伙人的优势，尽可能让其发挥最大优势和价值，为企业的长远发展做好铺垫。

在合伙人的出力分工中，就算分工明确，也还有一个点很容易忽视，那就是分工的灵活性。例如会出现模糊的边界，事实上针对这一点，无论相关的工作是不是属于你的责任范围，你都必须责无旁贷去完成。

当然合伙分工也有让人头痛的地方，比如有时一个工作是合伙人中谁也不想做的事情。这时候，合伙人就会面临僵局。事实上，解决这种问题时，可以采取轮流制，必要时候也可以考虑外援帮助。

“冲突翻脸”法则：合伙失误怎么解决

西方有句谚语叫：“若要走得快，就独自前行；若要走得远，就结伴同行。”

这也正好道出了创业者的需求，如果企业想要快速成长，必须要找到一位与自己不同、能够实现互补的合伙人，这极为重要。每一家创业公司往往都在自我的矛盾斗争中不断发展。创始人和合伙人则是主角，他们主导着公司的发展走向。

合伙创业就像婚姻，为着共同的目标，相互扶持，经历风雨。然而正如 360 老总周鸿祎所说——“找合伙人比找老婆还难”，意见不合吵架拌嘴也是常事，分家散伙撕扯的更不在少数。

下面我们就来说说，“冲突翻脸”的问题，面对这种合伙失误问题，我们应该怎么解决呢？

我们先来看一个关于“冲突翻脸”的合伙案例：

豆果美食是一家基于互联网的美食平台（见图 4－2）。2016 年 5 月，豆果美食联合创始人朱虹在朋友圈的“爆料”引起了圈内极大关注。她指出，自己在高龄怀孕期间，由于经营理念的不同，公司创始人王宇翔采用一系列“手段”逼迫她离职。朱虹在多次企图调节未果后，只能通过朋友圈以最不堪的“揭丑”方式为自己讨公道。

图 4-2　豆果美食官方网站

2014 年 11 月豆果美食获得由高瓴资本和清流资本投资的 2500 万美元 C 轮融资，估值约 3 亿美元。豆果美食还为此布局智能厨电领域，打造“工具 + 社区 + 电商 + 智能厨电”的新模式。

来看一下朱虹和合伙人的纠纷史：

曾任 265 导航销售总监、ZCOM 副总裁、4399 游戏销售总监、7k7k 人事行政副总裁的朱虹，在 2005 年踏入互联网。因为对美食的热爱选择了创业，在团队中担任市场、销售、渠道等管理工作。

2015 年年底朱虹开始和公司创始人兼 CEO 王宇翔出现管理理念上的矛盾，得到董事会同意起草优先退股协议，可以在未来一年半内优先退股，但实际上并未签署生效，同时收到公司让她离开的通知，当时朱虹已经怀孕 1 个月。

朱虹表示，自己在孕期受到《劳动法》保护，公司不能单方面解除劳动合同，CEO 王宇翔提出以 4 个月工资补偿一次性解除劳动关系。

其后，朱虹在多次沟通 CEO 王宇翔未果的情况下，收到了停发工资的通知和公司委托律师的联系方式，正式通过法律途径沟通，但豆果公司的律师表示，并未得到授权。

紧接着王宇翔便着手修改公司考勤制度，规定高层需要打卡上班，但是却不允许 HR 给朱虹录指纹。朱虹只能通过朋友圈方式，定位自己在正常上班状态。

针对这件事，很多人认为这场合伙人之争的主要点在于人性。在业内，朱虹是一名公认的“工作狂”，可以说，豆果是她一手打拼出来的，其知名度和形象声誉都离不开朱虹的努力，业内对她的评价更是一片赞美。

实际上，针对这次豆果美食合伙人纠纷的主要原因，我们可以追溯到 2015 年，当时整个美食行业的商业化转型之年。豆果从 2014 年下半年开始就在探索生鲜电商，2015 年转型电商模式，但主要以第三方入驻的平台模式为主。电商模式并没有获得成功，于是，豆果又开始把重心放回到为其他品牌导流和品牌广告上来，但公司的目标似乎仍然执着食材电商。

在这样的背景下，两个创始人之间出现不同意见实属正常，因为大家都希望能够带领公司走向更好的发展道路。不过这一次，豆果两位合伙人之间的意见分歧变成了冲突，并且一发不可收拾。

有两点非常明显：

第一，王宇翔独断专权，排斥和自己意见不合的创始人。这种行为对豆果美食未来的发展是一个障碍，客户和投资者不会再轻易对豆果美食产生好感。

第二，投资人的集体失声让事件失控。在这件事中，豆果背后的投资机构和投资人均支持王宇翔，一致同意起草关于朱虹的优先退股协议。换句话说，正是因为投资方的“纵容”才导致了豆果美食的这次合伙分裂和名誉下降。

了解合伙冲突的来源

通过豆果美食的案例，我们可以看出，合伙制之所以会“翻脸”，不过是因为下列几个问题（见图4-3）：

图4-3 合伙制冲突的问题来源

首先是钱的问题，也就是股权纠纷。不仅是豆果美食，西少爷、首席娱乐官、泡面吧、罗辑思维等也都出现过这类冲突案例，可以看出，几个合伙人之间的矛盾基本围绕在联合创始人与创始人意见相左导致的股权纠纷。

西少爷联合创始人孟兵、宋鑫、罗高景之间因为控制权、股权等情况发生冲突；“罗辑思维”的两位创始人罗振宇与申音因股权分配不均而分手。

…………

创业早期，创业者们对于股权、利益等方面的处置通常处于“空白”状态，诸多签署的早期文件和合同也缺少合理的法律保障，因此也就间接埋下了日后“翻脸”的伏笔。

第二是控制权问题。由股权问题延伸到控制权问题，创始人和合伙人根本就分不清楚到底谁是“老大”。西少爷人事大战，真功夫家族之争，拉勾网副总裁文双辞职事件，豆果网朱虹孕期被开等等，都有权力争斗的影子。所以控制权的问题很容易引发合伙矛盾，合伙人必须要意识到这一点，并且做好提前预测措施。

第三是资本黑手。一旦有了外部资本介入，就意味着资本要和创业公司共担风险、分享红利。很多投资资本为了自身利益着想，往往会插手公司内部事务，这样会很容易激发合伙人矛盾。

那么出现这些问题有没有原因呢？主要有三个原因，见图4-4。

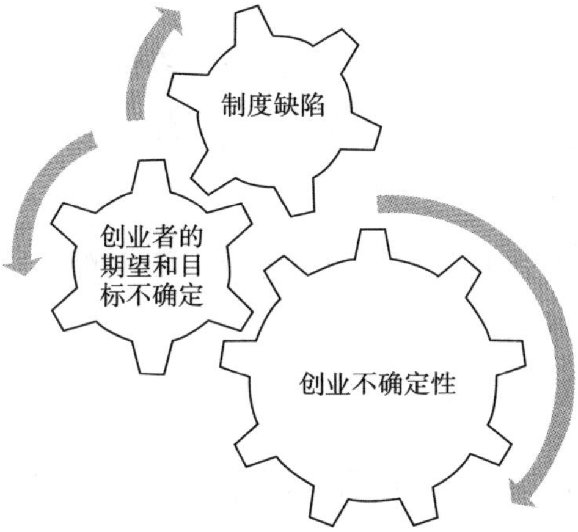

图4-4 合伙矛盾起源的主要原因

那么面对这些冲突，该如何解决呢？

合伙冲突时的解决法则

第一，钱要给到位，更要安抚内心。

合伙人既然要跟你“分手”，要么是钱没给到位，要么是内心受到委屈。早期，公司基本不赚钱，要么你多给别人一点决策权，然后营造一种愉快的环境。再或者就是给他多一些股份。

第二，快刀斩乱麻，好聚好散。

在恋爱中，如果不喜欢对方，那么就分手。但是分手可以，千万别拖着，拖拖拉拉最伤人。合伙人也是如此，既然有矛盾有冲突，要闹“分手”，那么就要快刀斩乱麻，好聚好散才是果断的优秀合伙人。

创业路上难免遇到矛盾不合，如果能解决，尽量解决，最后解决不了就分开。事实证明“和平分手”的合伙人通常在散伙之后还会处处维护原公司的名誉和利益，而那些带着“冲突”分手的合伙人，日后也会损害公司利益。

第三，要想合伙创业先学做人。

先做人后做事，这是自古以来的真理。我们可以想一下，为什么成吉思汗可以成为优秀的“合伙人领袖”，可以成为天之骄子，因为他有一句名言十分震撼，那就是：“打仗时，我若是率众脱逃，你们可以砍断我的双腿；战胜时，我若是把战利品揣进私囊，你们可以斩断我的手指。”见图4－5。

钱要给到位，更要安抚内心

快刀斩乱麻，好聚好散

要想合伙创业先学做人

图4－5　合伙冲突时解决原则

创业时，合伙人必须要深思熟虑，考虑到哪些问题是没有认识到的，哪些是合伙人之间最容易出现矛盾的。千万记住这些“坑”，别“悄无声息”地给自己挖坑。因此，想合伙创业先学会做人，这样才能面对“冲突”时，更客观理性地解决。

禁止合伙法则：记住这些绝对不能合伙的原则

合伙的本质是利益共享，因此，首当其冲的就是诚信原则。合伙赚钱，诚意当先。只有以诚相待，才能在合伙制的模式下，干大事，赚大钱。

合伙创业是一件严肃的事情，既然企业不是独资企业，那么遇到事情时，就应该和合伙人一起商量，一起进退。无论做什么事情，都应该本着诚信当先的原则着手。我们说过合伙制需要“亲兄弟明算账”，每一笔投资和分红都要清清楚楚记录，同样我们也要记住那些禁止合伙的原则。

第一，缺乏诚信原则的合伙要禁止。

任何事都要讲规矩。在合伙制模式下，尤其是一些比较大型的合伙制企业，必须要在诚信原则基础上合伙。当然，有些合伙人认为仅凭感觉无法断定一个合伙人在未来是不是依旧还讲诚信，所以在这里需要诚信合同来作为约束，让彼此之间的诚信更富有一定的硬性规则。

下面附上投资合伙人诚信合作合同的范本：

投资合伙人诚信合作合同

投资合伙人：甲________身份证：__________

投资合伙人：乙________身份证：__________

投资合伙人：丙________身份证：__________

根据《中华人民共和国合同法》《公司法》《民法通则》等相关法律、法规，投资合伙人本着公平、平等、互利的原则自愿订立诚信合作合同。

第一条　甲乙丙三方自愿投资合伙人经营________（公司名称），总投资为____万元，甲出资____万元，乙出资____万元，丙出资____万元，各占投资总额的____%、____%、____%。(备注：此注册资金为______)

第二条　本投资合伙公司，由______（____方）负责办理工商登记。

第三条　本投资合伙公司经营期限________年。如果需要延长期限的，在期满前六个月办理有关手续。

第四条　本投资合伙三方共同经营，共同劳动，共担风险，共负盈亏；公司利润按照各自的投资比例分配；公司所得赞助或资助归共同享有。

第五条　业务范围（含登记证书业务范围）

(一)

(二)

(三)

(四)

…………

第六条　投资合伙人职务及工作内容

甲：负责________

工作职责 1. 2. 3. 4……

乙：负责________

工作职责 1. 2. 3. 4……

丙：负责________

工作职责 1. 2. 3. 4……

第七条　公司采取季度分红模式，实施利润分红。

第八条　公司一切收支均由公司账户________（银行名称），______（开户行地址），________（账号）收支，由________（____方）统一管理。并负责按照国家或地方税务机关实施报税及纳税义务。

第九条　财务实施透明管理，月度会议由______（____方）向其他投资合伙人汇报，其他投资合伙不定期抽查________（____方）的财务收支情况并予以核实。

第十条　投资合伙任意一方不得以公司名义与其他个人或单位发生债权债务、借贷、抵押等关系，若造成公司损失自行承担相关法律责任。

第十一条　投资合伙人任意一方不得以个人名义开展本合同所约定的经营范围内的业务，开展业务必须告知其他合伙投资人并征得其他合伙投资人的同意。

第十二条　投资合伙人均有权对自己所持的股份进行转让、撤股，但需经过其他投资合伙人书面同意并到国家相关部门实施登记，其他投资合伙人无正当理由不能拒绝。

第十三条　出现下列事项，合伙终止：

（一）合伙期满；（二）合伙三方协商同意，并共同到工商局办理登记；（三）其他法律规定的情况。

第十四条　违约责任

（一）私自开展业务的；（二）私自开展业务不告知其他投资合伙人的；（三）项目合作中私自收取合作方（含业务方）费用的；（四）利用

职务之便收受合作方（含业务方）或他人贿赂的；（五）利用职务之便与合作方（含业务方）暗箱操作，谎报或漏报业务合作费的；（六）因业务关系私自接受他人礼品、礼物的；（七）公司重大抉择自行做决定不告知其他投资合伙人并予以自行实施的；（八）利用职务之便或公司名称损害其他公司或他人利益的。

第二，缺乏使命感的合伙要禁止。

很多人合伙只是为了赚钱。实际上，合伙制的精神核心和价值也是非常重要的合伙人。不应该仅仅是以赚钱为目的，还应该是为了某个共同的愿景而合作。这样的合伙制才能走得更长远，也更具有意义。

因此，对那些缺乏使命感的人，尽量不与之合伙。只有求大同存小异，找准共同目标价值，把握大局，才能实现梦想。

换句话说，这就好像两个人结婚，如果对方与你的价值观不同，在生活、思想上各个方面都无法达成目标一致，那么这样的婚姻势必会矛盾重重，而且几乎是不可调节的。合伙办企业也是如此，合伙人的目标要一致。只有遵循一个共同的目标，才能在大局上把握好方向。

第三，推诿之人禁止与之合伙。

在寻找合伙基因中，我们曾说过很多关于合伙基因的问题。在这里，我们要清楚一点，合伙双方要共担责任，如果对方没有责任心，遇事推卸责任，那么我们就不要与他合伙。可以说，这在合伙制的原则中是一个不成文的规矩。喜欢推诿的人往往会让企业陷入两难之中，无法立足。

利益共享法则：分红是门学问要提前定

合伙企业中最大的一个原则也是最核心的原则就是利益共享。合伙人出资、出力之后，目的是什么？是利益（钱）。没错，在合伙制中，利益分享是分钱的原则，否则盲目利益分配只能让合伙制更加困难。

当然，这主要涉及合伙股权问题。股权的问题又涉及两个方面，第一是创始人对公司的控制；第二是找到更有实力的合伙人或者投资者，从而获得更大的经济回报。

很多创业团队经常会面临这样一个问题：在早期创业时期，大家都十分卖力，一起打拼，合伙人之间也没有仔细考虑自己应该占多少股份，获得多少股权问题。但是一旦公司走上正轨，取得了一定的成绩，达到规模之后，随着公司赚的钱越来越多，合伙人之间就开始只关心自己所占股权的比例了，关心自己应该获得多少分红或者利润。如果企业的合伙人在这个时候才制订分钱规划，那么很可能就会出现分歧和纠纷，影响到公司的整体发展。

因此，我们建议，合伙公司在初期，就应该将利益分享做好规定，分钱的原则和规矩讲好，以免日后产生不必要的麻烦和纠纷。

在利益共享的原则上，往往包括的对象是合伙人、核心员工、外部顾问以及投资方等。在创业初期，企业进行股权结构的设计时，要保证股权结构以便于日后融资，以及后期人才的引进和鼓励发展。当然，有投资方准备进入时，投资方往往会要求创始人团队在公司的股权比例中预留一部分股权池。

预留出的股权由创始人代理持有，此外，企业还应该预留一部分股权，用于给后续加入成为合伙人的员工、人才作为激励。这部分的股权也由公司合伙创始人来代持。

利益和亏损分担向来是合伙企业的一个重要问题。在这个方面，我们以普通合伙企业和有限合伙企业为例分别说一下利益共享的原则。

普通合伙制利益共享规则

合伙人需要按照合伙协议中的约定来行使自己的相关权利，并且履行相关义务。

合伙企业在赚钱时，如何分配利润和亏损分担，由全体合伙人在合伙协议中做好相关约定。但是，在普通合伙企业中，合伙人在分钱原则中，是受到一定限制的。

普通合伙企业的合伙协议不得将全部利润分配给部分合伙人或者由部分合伙人承担全部亏损。

具体的原因在于两点（见图4－6）。

如果允许合伙人在合伙协议中约定将全部利润分配给部分合伙人或者由部分合伙人承担全部亏损，那么会导致部分合伙人利用优势地位进行不公平的约定，这对合伙人来说也是不公平的，更是不合理的利益分配原则。

因此，在普通合伙制中，千万不能出现平均分配。平均分配，就意味

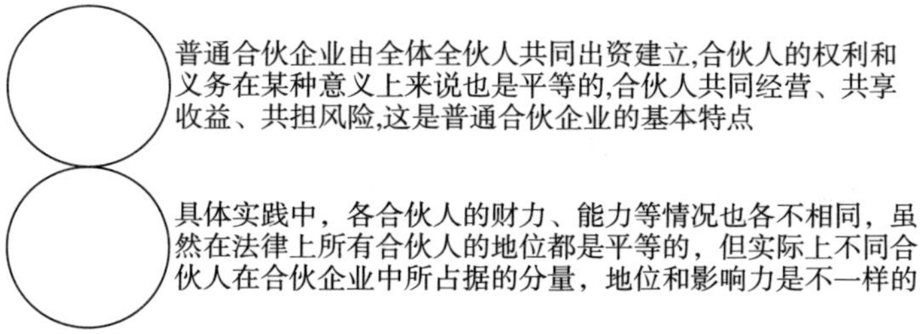

图 4－6　普通合伙制利益共享规则

着在公司中，谁都没有发言权和决策权。一旦公司团队意见不和，很容易让企业错失机遇，影响整体发展。

有限合伙利益共享规则

在有限合伙制企业中，有限合伙人的责任是承担在其出资范围内的有限责任，并不能执行合伙企业的事务。换言之，有限合伙人只对企业投资、分享利益、承担有限的风险。

企业是长期经营的状态，其投资回报期限会很长，企业创立后在较长一段时间内都可能没有利润分配。再加上有限合伙人在其出资范围内承担有限责任，因此，当企业有利润可供分配时，理应适当照顾普通合伙人。

因此，有限合伙企业不得将利润分配给部分合伙人，但合伙协议另有约定的除外。

为此，企业可以绑定股权。为了避免有创业合伙人在中途退出，导致企业处于被动状态。例如有两位合伙人一起创立了一家化妆品公司，他们的关系很好，于是每个人各自拥有 50% 的股份。然而，公司开了一段时间之后，其中一位合伙人突然想要退出。于是卖掉了自己 50% 的股权，随后这家公司也没有坚持太久就倒闭了。

事实上，这个失败的案例带给我们的教训是，第一切忌平均分配利益；第二企业一定要绑定股权，而且还应该设定一个兑现期限。具体做法是，企业创始人可以跟合伙人签订分配合同，规定合伙人承诺在某年之内坚定不移地保证合伙关系，随后每增加一年，合伙人的股权会相应得到增加。这样不但能够约束合伙人，还可以让合伙人更加努力为公司付出。

管理合伙法则：让企业跟着你的规则走

哈佛大学教授理查德·弗里曼从20世纪90年代开始就一直在做分享经济的研究。他发现，在收入分配方面，分享制比工资制更好，因为分享制企业，每提高一个标准差，制造业就可提高8%~9%的生产率，非制造业可提高10%~11%的生产率，并且，员工流失率也会大大降低。

任何变革都会带来一定的伤痛，合伙人制度也不例外。但是鉴于合伙制的优势众多，大多数企业，尤其是互联网企业都采取了这种模式。当然，合伙制的优势再多，也需要规则制约。如何让企业跟着你的节奏走，需要制定管理规则。

值得一提的是，导入合伙人制度的同时，也需要导入法治化的管理体系，只有这样，才能让员工守规则，这也是合伙人制度的一个基本前提。

在传统雇佣制的公司中，员工很反感管理制度。但是当员工或者高层转化为合伙人时，他们就会自愿遵守甚至主张建立管理规则。

实际上无论什么样的合伙制，首先必须要有严谨的企业章程，约定好企业重要事项的管理方法（例如财务问题，董事、总经理的任命及各自的权限等等）。合伙企业一般都有两个及以上合作人，这就需要在事前通过企业章程约定好各自的权限和利益的分配等。

另外，还要按照一般常使用的企业管理规章制度来约束和管理，当然更为关键是要把管理规则制度落到实处。

下面附上某公司的合伙管理制度的协议范本：

公司合伙人管理办法

第一条　总则

为建立科学、合理的合伙人制度，促进公司健康发展，同时保障公司、员工的权益，特制定本办法。

第二条　合伙制

本条可以阐述合伙制的概念，以及本公司为何实行合伙制，在这里不一一赘述。

第三条　合伙人分类

（一）一级合伙人：不领取工资收入，不占用公司公共平台（或承担公司公共费用分摊），自主负责市场营销及项目实施，包括项目信息的搜寻、谈判、合同签定与项目完成，以及团队成员的招募培训、薪酬福利及绩效考核等管理，财务相对独立。

（二）二级合伙人：不领取工资收入，免费享用公司公共平台（自身没有团队），主要负责咨询项目的跟踪、谈判并自行承担相关费用；项目合同签定后，必须将项目移交公司组织实施，也可参与或负责咨询项目的实施。

上述两种合伙人之间可自由转换，但必须要提前一个月（一个月以上的时间）与公司商定相关事项。

第四条　业务支持

（一）公司鼓励××区域以外的合伙人在当地注册分公司或子公司，

注册费用由公司与合伙人协商解决。

（二）合伙人在进行业务谈判时，公司领导或专家免费出面支持商务洽谈一般不超过两次，重大项目不超过三次，相关差旅费用由合伙人承担。

（三）合伙人在项目实施过程中，可请公司领导或专家进行指导、协助，具体费用由双方根据实际情况进行协商。

第五条　利益分成

（一）一级合伙人分成。在咨询项目实收总额中，合伙人收取其中的80%（税前）作为运营费用，包括市场营销、项目实施及团队建设等费用；公司收取其中的20%作为品牌管理费用，用于平台建设、财税管理（含实收总额的营业税、分成部分的公司所得税）等费用。

（二）二级合伙人分成。在咨询项目实收总额中，合伙人收取其中的15%（税前）作为营销费用，公司收取其中的85%作为品牌管理及项目实施费用。

第六条　创业支持

对申请独立运营的一级合伙人，公司提供为期一年的分成优惠扶持。

第七条　项目合作

（一）一级合伙人接到业务但自身没有能力完成时，可在按第五条实施分成的基础上与公司合作承担，具体分配方式以协商为准。

（二）公司本部承接的业务，也可邀请合伙人及其团队共同实施，具体分配方式以协商为准。

第八条　信息共享

（一）公司公共平台接到的业务信息，应按区域分配给合伙人以供其跟进，项目成功后提取项目总额3%的平台维护费。

（二）公司通过社会关系得到的业务机会，或者合伙人推荐给公司的业务机会，项目成功后均提取项目总额最高不超过15%的中介费。

第九条　团队管理

（一）合伙人团队成员可选择与合伙人签订劳动合同，也可以选择与公司签订劳动合同（相关责任均由合伙人承担）。

（二）团队成员的薪酬激励与社保福利须有一定保障，具体由合伙人依照公司相关制度，并根据实际情况进行修订。

第十条　合伙人权利

（一）公司品牌、案例数据库和荣誉资质的使用权；

（二）自身团队的业务运作、人事安排及财务分配等权利；

（三）公司制订发展规划、营销计划和重大活动的参与权；

（四）公司修订合伙人管理制度的参与权。

第十一条　合伙人义务

（一）维护公司的权益不受损害，维护公司形象；

（二）所有业务及收入必须向公司如实反映，完成咨询项目后均须提交给公司数据库，并按项目上交各类款项；

（三）与其他合伙人发生冲突时接受公司协调；

（四）接受公司对服务客户的满意度调查等。

第十二条　合伙人进入与退出

（一）合伙人来源包括公司员工自行申请，公司领导或员工推荐外部专业人才等。

（二）合伙人申请正式提出后，公司应组织评审确认，通过后签订书面协议方可正式成为合伙人。

（三）公司定期、不定期地对合伙人运营状况进行考察，确认不利于公司发展、损害公司利益时，公司有权提出终止合作协议。

（四）合伙人主动提出终止合作协议时，需提前三个月提出，并与公司办理各项移交手续、处理善后事宜，包括但不限于项目交接、团队成员安排及财务事项的厘清等。

第十三条　公司品牌运营

（一）公司负责主导品牌的运营。每年年初，公司应制定当年的营销计划，明确营销方式及营销费用。

（二）各合伙人应通力合作，根据公司要求及分工完成营销事项，并积极利用各种办法推广品牌，获取业务信息。

第十四条　本管理办法从 2017 年 7 月施行。

权责合伙法则：权力下放，责任也要下沉

合伙开公司，本意是利益共享、共同赚钱。然而，如果在合伙之前没有做好规则上的明晰，就很容易散伙。合伙人要享有权利，也需要担负责任。只有权力下放，没有责任下沉的合伙公司是干不久的。因此，合伙要做好权责法则。

也许有人说，合伙人最好选择自己的好朋友，这样彼此更加了解、更有保障。错！彼此了解不假，但是并不代表彼此有保障。即使是好朋友，合伙后也可能变“冤家”。

合伙人之间的关系是最亲密却又是最不牢靠的。一旦发生利益冲突，“闹分手”是经常发生的事情。好朋友合伙往往涉及不到权责的细则问题，因此，很容易出现合伙破裂。从专业方面来看，主要原因有以下三点（见图4-7）：

（1）分薄收益：赚钱了几个人分，每个人都觉得自己理应多拿。

（2）“同床异梦”：合伙人各有自己的小算盘，各方都派自己的人做会计或者出纳，安排自己的人采购等等，出现矛盾和分裂的几率会更大。

（3）意见不一：大家在很多地方没有共识，谁也说服不了谁，各干

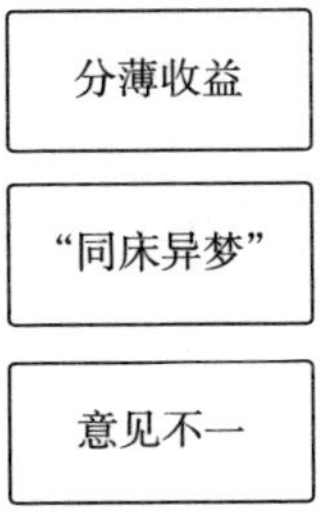

图 4－7　好朋友开公司出现矛盾的根源

各的。

例如有这样一个餐厅，张某在开餐厅之初选择的是与朋友合伙。张某占 40% 股份，张某的妻子占 20%，两位朋友分别占 20%。但是，店未开张，问题先暴露。购买设备时，张某希望买高级的产品，但是两位合伙朋友却觉得超出预算。

最后，100 万元的预算变成 140 万元的时候，两位朋友到店里说张某在采购时一意孤行，不听股东的意见。在餐厅开业前一个星期，他的合伙朋友提出了要通过投票制否决他的做法，甚至跑到店里煽动厨师和其他员工，说：“你们老板一意孤行，不听劝告，出了事情由他一人负责。”

看看，还没有营业，餐厅就暴露出了如此多的问题。在这个案例中，张某遭遇就属于“同床异梦”类型。朋友合伙开餐厅，最后成了“冤家”，其实是经营理念不合，有人觉得自身利益受损，甚至为了“谋权”。

因此，如果你不想朋友变仇人，就必须做好合伙“前规则”。

明确各方的权、利、职、责

合伙做生意，一定要有规则。俗话说，一个和尚挑水喝，两个和尚抬水喝，三个和尚没水喝。在多个合伙人一起经营的公司中，一定要明确各方的权、利、职、责（见图 4－8）。

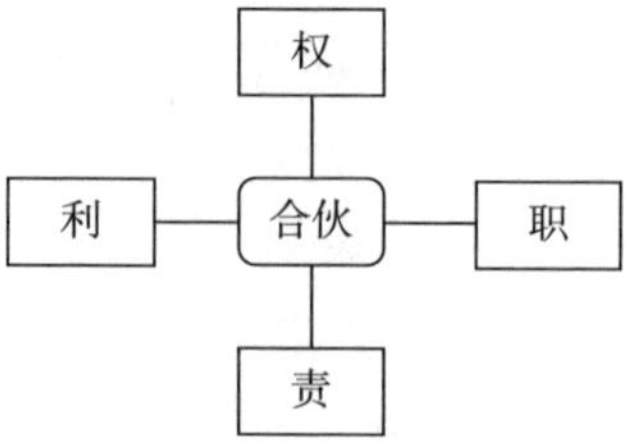

图 4－8　合伙人的“前规则”

一权：谁最有权威。

二利：占股与分红。

三职：责任担当和职责所在。

四责：干得不好作何处罚。

大家最好先分好工，约定出资额和分红：明确分工，权责分明。

最好的方式是在分工时，还要明确一下各合伙人的职责，特别是涉及高层运作以及利益问题环节时。这时候，合伙人之间不应该只是问问“推广方面是你负责还是我负责”等问题。合伙人之间更应该深入探讨，在进行分工时，也要将责任说清楚。比如在推广销售方面要讲清楚合伙人负责这个工作时，也需要面临的责任，如销售结构、赔偿、客户利益等。

同时，在合伙制运营中，企业还可以使用一些常见的组织工具，比如一个完善组织架构图。只需要在纸上以某种方式写下来，哪里是你的责任范围，哪里是我的，然后讲清楚这些责任之后，在每个范围之内，才能获得最大化的效益。

创业初始阶段和成长阶段的风格是不同的。当企业逐步发展，有了更多合伙人加入时，责任就必须要进一步细分，这是一个合伙企业快速发展的关键。

合伙债务承担问题

合伙开公司难免会遇到利益亏损等问题，对于亏损的负担，有两种办法，一种是合伙约定，另一种是合伙法定（见图4－9）。

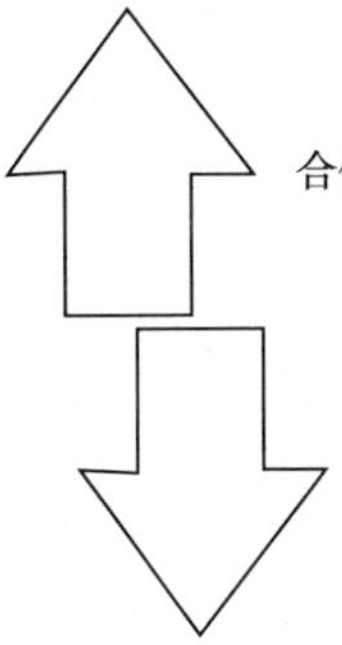

图4－9　负担亏损的问题

关于合伙约定，意思就是我们必须要与合伙人签订合伙协议。合伙协议未约定或者约定不明确的，又协商不成的，就要根据法律规定来办理。

关于合伙债务的承担与清偿问题，我们也需要明确规定。合伙人对合伙债务承担无限连带责任，是合伙企业的基本法律特征。

合伙人对合伙债务承担无限连带责任又有两种方法：

一是并存连带，即合伙的债权人请求合伙清偿债务或者请求合伙人清偿合伙的债务，两者没有先后次序之分。对合伙人来说，对合伙债务承担并存无限连带责任。

二是补充连带，即合伙的债权人须先请求合伙清偿合伙债务，对其不足部分才能请求合伙人清偿。这对合伙人来说，对合伙的债务承担补充无限连带责任。

《合伙企业法》的规定属于后者，即合伙企业对其债务，应先以其全部财产进行清偿。合伙企业不能清偿到期债务的，应先以其全部财产进行清偿。合伙企业由于承担无限连带责任，清偿数额超过其应当承担的比例的，有权向其他合伙人追偿。

在这里，我们要特别清楚一点，如果合伙人是以个人财产出资参与合伙，则以个人财产对合伙债务承担无限责任。反之，如果合伙人是以家庭财产出资参与合伙，应以合伙人家庭共有财产对合伙债务承担无限连带责任。如果是以个人财产出资参与合伙，但将合伙盈余分配所得用于合伙人家庭成员的共同生活，则应先以合伙人的个人财产承担清偿责任，不足部分则以合伙人的家庭共有财产承担。

合伙人的自有财产不足清偿与合伙企业无关的债务的，该合伙人可以以其从合伙企业中分取的收益用于清偿；债权人也可以依法请求人民法院强制执行该合伙人在合伙企业中的财产份额用于清偿。

退出合伙法则：退出也要退得漂亮

生意场上没有永远的朋友。因此，合伙制企业在进行运营的时候，也往往会面临着合伙人退伙的问题。事实上，退伙并不严峻，严峻的是很多企业因没有做好退伙机制和准备，从而面对合伙人退伙时，无计可施。特别是在股权、利益等方面会出现很多矛盾和纠纷。如此一来，合伙制的运行就十分困难。

针对这一问题，我们必须明白一点，合伙人在决定合伙创业时，应将退伙的事项准备好，做好退伙协议或者约定准备。这样一来，一旦有合伙人在中途退出，就能保证合伙公司不至于陷入无法运转的地步。

了解合伙人退伙事项和分类

在合伙制企业中，合伙人退伙时，一般分为两种情况：自然退伙和法定退伙。

在自然退伙中，往往又有两种方式，协议退伙和通知退伙。

协议退伙是指合伙人按照约定的合伙期限，自然退伙。要想协议退伙，需要符合几个条件：

须由合伙协议约定的退伙；

全体合伙人一致同意；

发生合伙人无法继续参加合伙事情的事由；

其他违反合伙协议的规定。

另外一种方式是通知退伙。通知退伙很好理解，是合伙人没有按照约定合伙期限退伙，合伙人主动提出退伙，前提是合伙人需要提前一个月（某期限）通知其他合伙人。

在法定退伙中，也有两种情况，当然退伙和被除名退伙。

当然退伙，通常是指合伙人发生意外或者死亡时；合伙人丧失偿债能力；合伙企业被吊销营业执照，或者宣告破产等；合伙人在合伙企业中的财产份额被强制执行等情况。

被除名退伙，是经过所有合伙人一致同意之后被除名。往往是因为合伙人没有履行应尽的出资责任和义务，如合伙人给企业造成重大损失；合伙人有不正当的行为等。

关于退伙的上述分类，我们还可以用图的形式表现，一目了然（见图4－10）。

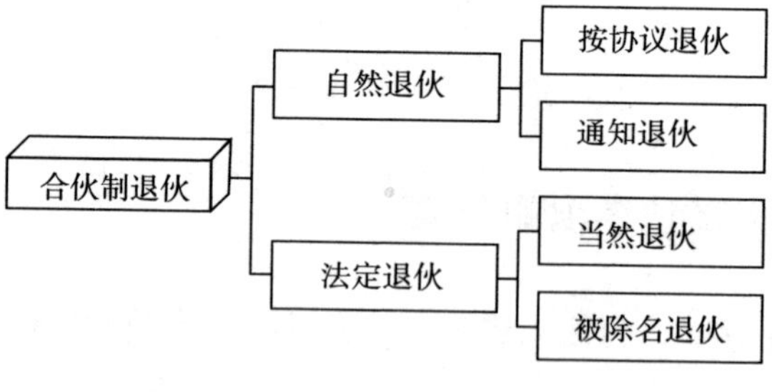

图4－10　退伙的分类情况

因此，合伙人必须要提前做好退伙机制和规则。

在合伙人开公司的过程中，合伙人一旦想要退出，关于退出时的出资比例和退出比例应该如何计算，怎样承担责任等，这些问题都是合伙人退伙时的重要纠纷来源。因此，这些内容一定要提前进行书面明细，甚至要将其签到合同里。可以说，合理的退出机制是合伙公司的一个重要组成部分。这不仅关系到合伙人退伙，更关系到一个企业的长远稳定发展。

总而言之，企业要提前做好退伙机制的说明，让合伙人在刚入伙时，就明白退伙的机制和回购股权方式与原则。这样，合伙人在合伙过程中才会真正放开手脚大干一场。即便是遇到退伙时，公司也能有效合理处理。

合伙期限以及违约条款

从严格意义上来说，合伙企业的合伙人是不应轻易退伙的。而且一般在合伙协议中，也都会规定合伙期限，比如三年、五年……一旦合伙人出现了错误或者给公司造成了重大利益损失，或者合伙人出现意外，退伙也就在所难免。尤其是当合伙人自身出现问题或者错误，退伙时，既违反了合伙期限的合约，又给公司造成了一定损失。因此，在这种情况下，公司可以将这个合伙人除名。在退伙时，企业应该退还当时合伙人所缴纳的出资金额，但是合伙人退出之后，将不再享受红利。

当然，如果因为合伙人个人的身体原因，比如死亡、受伤、重病等，导致不能继续工作，经过合伙人的审核同意之后，合伙人也会被要求退伙。但是在这种退伙中，公司除了要返还这个合伙人在入伙时缴纳的出资额之外，如果这个合伙人合伙期限已满，那么还可以参与一定的分红，如果合伙期限不足一年或者时间更短，那么只是按照银行的利率支付出资金额的利息，而不予分红。

在这里，我们用一个图来表示常见的退伙方式和对应法则，见图4－11。

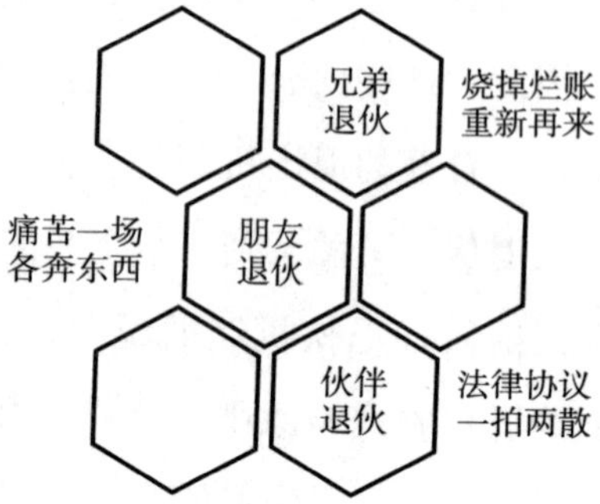

图 4－11　常见退伙以及处理原则

合伙退伙协议书范本

甲方：____________

性别：____________

年龄：____________

身份证号码：__________________

住址：______________

邮编：______________

电话：______________

乙方：______________

性别：______________

年龄：______________

身份证号码：__________________

住址：______________

邮编：______________

电话：______________

依据《合伙企业法》、《民法通则》等相关法律规定和甲乙双方合伙协议，按照自愿、平等、公平、诚实的原则，经全体合伙人一致，制定本协议。

一、甲乙双方合伙经营的公司名称：________住址：________；营业执照号码：________；其他权证号码：________。

二、经甲乙双方协议同意以________年________月________日为甲方退伙之日。

三、甲方与乙方于____年____月____日订立合伙协议，共同合伙经营事业，现因甲方________原因，提出退伙并经全体合伙人同意。

四、甲方与乙方于____年____月____日按照退伙时的合伙企业的财产进行结算，退还退伙人甲方____元。

五、甲方应缴清其在合伙期间内的一切税费。

六、甲方对其退伙前已发生的合伙企业债务，与其他合伙人承担连带责任。

七、甲方退伙后，合伙事业某些事项需要甲方予以协助完成的，甲方有义务予以配合，如变更有关登记事项、变更有关协议主体、履行未完结的合同等。

八、甲乙双方承诺对双方合伙、退伙事宜俱无隐瞒。任何一方隐瞒事实，损害另一方合法权益的，应承担相应法律责任。

九、本协议自甲乙双方共同签字后成立，一式二份，甲乙双方各执一份为凭。

甲方：__________（签字）

乙方：__________（签字）

____年____月____日

第五章

合伙流程

想合伙，就得这么干

合伙开公司不是几个人凑在圆桌边，敲敲桌子、一拍即合的事情，这里需要的是白纸黑字，明文规定。合伙流程很简单，它没有太多的法律条约束缚，但这个流程必须科学合理。想要合理，就需要关注到方方面面的问题，本章就为读者逐一分析。

明确合伙流程注意事项

先来了解一下合伙开公司的流程（我们以一个广州企业合伙开设分公司为例，说明一下合伙流程）：

（1）公司法定代表人需要签署《分公司设立登记申请书》并加盖公司公章；

（2）公司签署的《指定代表或委托代理人的证明》，公司加盖公章；

（3）公司章程复印件，加盖公司公章；

（4）公司营业执照副本复印件、组织机构代码证副本复印件、税务登记证副本、开户许可证复印件，均加盖公司公章；

（5）公司法定代表人身份证明复印件；

（6）分公司经营场地使用证明；

（7）分公司负责人任命书及负责人身份证明复印件；

（8）公司相关资质证明文件；

（9）资金划拨证明。

在这里，我们要着重说一下需要注意的事项：

（1）先要制定好合伙规则（在上一章我们已经详细说过）。这是最关键的，就算是你最好的朋友或者家人，也都必须要按照规则合伙。因为合伙公司最怕的就是：事先没制定好规则。公司创立之后，每个成员整天为利益分配及义务承担产生纠纷和矛盾，从而无心做本职工作，影响企业正常发展。因此，制定规则是合伙制开始的最重要事项。

（2）财务账目要做好详细的划分。例如出钱出力分工要明确。因为有人出钱，可能并没有参加经营，有人参加企业的经营但却出钱少一些。因此在财务上要有一个独立清晰的规定，这样在钱的进出上就一清二楚，避免日后出现争端。

（3）出资多少可能要根据总资金需求量。在这里企业至少要预留出6～12个月的储备金（也可根据企业自身的资金条件来设定）及在这个阶段内合伙人的利益分配。否则如果企业短时间内不盈利很可能会引起合伙人的利益争夺，从而无法度过企业的难关。

（4）每月的开销，诸如办公费用、房租、货款、人力、市场推广费用等，也要做好至少半年的预备金。此外，这些费用原则上需要每个合伙人进行分摊，并计入运营成本中。

（5）产品报价要考虑到这些运营成本及利润。

（6）公司注册：企业可以考虑先注册，因为这样会避免很多麻烦。

确立合伙事务的决定、执行和监督程序

在合伙制的流程中，我们除了要了解应该注意的事项之外，还应该主动寻求法律上的庇护，尤其是关于合伙事务的执行和监督方面。合伙制不是几个人聚在一起吃个饭敲敲桌子就成的。我们还必须要用法律和协议来确定利益分配和分工管理。这也是合伙制流程中不可或缺的一部分。

一旦合伙事务没有做好合理的规划，那么合伙过程中很可能会出现系列连带问题。下面来看一个案例：

2016 年年初，A 与 B 等四人口头约定合伙开设一家首饰店，并且均以实际资金出资。合伙时规定由 A 负责对外联络购货渠道。

然而，2016 年 8 月，A 以换货为由将店内的货物席卷一空，并且逃跑。但是很快被公安机关抓获。经查，A 与某珠宝商 F 签订了货物销售合同，从 F 处购入 150 余万元珠宝。随后，F 将 A 等合伙四人告上法院，要求四人连带偿还所欠货款 100 余万元，B 等三位合伙人表示不知晓 A 从 F 店中购货的行为，应认定属于 A 个人买卖行为，B 等三人不承担连带责任。

这是一个切实的案例，也是我们生活中常常看到的案例。

对于B等三位合伙人是否应承担拖欠A货款的连带偿还责任，大概有两种不同意见，我们以列表形式分析：

第一种看法	A是以个人名义同F签订货物销售合同，B等三人与A只是口头约定合伙开店，并未签署书面合伙协议，因此其他三人并不知道A向F购买珠宝，更未授权A进行珠宝采购，所以这种行为应认定属于A个人签订合同行为，由A一人偿还所欠货款，其他三人不承担连带责任
第二种看法	A虽是个人同F签订货物销售合同，但货物均是交到B等四人合伙经营的首饰店中销售，且B等三人当初对A采购珠宝行为并未提出异议，应视为A采购珠宝属于执行合伙事务，B等三人应对货款承担连带责任

针对上述两种意见和看法，在某种程度上第二种看法比较合理。原因如下：

《中华人民共和国民法通则》第50条：

"当事人之间没有书面合伙协议，又未经工商行政管理部门核准登记，但具备合伙的其他条件，又有两个以上无利害关系人证明有口头合伙协议的，人民法院可以认定为合伙关系。"

A与B等四人合伙开设首饰店虽未签订合伙协议，但四人均向首饰店投资，并认可四人的合伙经营行为，故应认定四人的合伙行为成立。

《中华人民共和国合伙企业法》第37条：

"合伙企业对合伙人执行合伙事务以及对外代表合伙企业的限制，不得对抗善意第三人。"

A与B等四人，虽未书面约定分工，但A从王某（F）店中购入150余万元货物，B等三人知晓店内购置了大量货物，未提出异议，应视为默认A执行合伙事务的权利，故应认定A与F签订的货物销售合同，属于执行合伙事务行为。

《中华人民共和国民法通则》第 47 条：

“全体合伙人对合伙经营的亏损额，对外应当负连带责任；对造成合伙经营亏损有过错的合伙人，应当根据其过错程度相应的多承担责任。”

A 将店内货物卷走属于犯罪行为，应由司法机关进行处理，在合伙人内部应承担亏损的全部责任。B 等三位合伙人对拖欠 F 的货款承担连带责任后，可向 A 进行追偿。

因此，在合伙人出现将合伙财产擅自处分或据为己有的情况下，合伙人对外仍然应承担连带责任，对内可向有过错的合伙人进行追偿。

下面来分析一下合伙事务执行的具体内容：

（1）合伙人对执行合伙事务享有同等权利。按照合伙协议的约定或经全体合伙人决定，可委托一个或者多个合伙人对外代表合伙企业，执行合伙事务。

（2）由一个或者数个合伙人执行合伙事务的，执行事务合伙人应当定期向其他合伙人报告事务执行情况以及合伙企业的经营和财务状况，其执行合伙事务所产生的收益归合伙企业，所产生的费用和亏损由合伙企业承担。

合伙人为了解合伙企业的经营状况和财务状况，有权查阅合伙企业会计账簿等财务资料。当然，当涉及多个合伙人时就很容易造成合伙企业内部管理混乱，产生纷争，特别是关于执行合伙企业费用的认定等方面。可以考虑由一人执行，其他人可以监督配合的模式。

（3）合伙人分别执行合伙事务的，执行事务合伙人可对其他合伙人执行的事务提出异议。当提出异议时，合伙人须暂停该项事务的执行。

受委托执行合伙事务的合伙人不按照合伙协议或者全体合伙人的决定执行事务的，其他合伙人可以决定撤销该委托。

（4）合伙人对合伙企业有关事项做出决议，按照合伙协议约定的表决办法办理。合伙协议未约定或者约定不明确的，实行合伙人一人一票并经全体合伙人过半数通过的表决办法。在这里，合伙表决权不仅牵涉到合伙决策，也影响到不同合伙人的权力。因此，最好能够尽可能详细列明各决策事项及通过该事项的表决权等，减少争议发生几率。

（5）除合伙协议另有约定外，合伙企业的下列事项还应由全体合伙人一致同意：

a. 改变合伙企业名称；

b. 改变合伙企业的经营范围、主要经营场所的地点；

c. 分配合伙企业的所有不动产；

d. 转让或者分配合伙企业的知识产权和其他财产权利；

e. 以合伙企业名义为他人提供担保；

f. 聘任合伙人以外的人担任合伙企业的经营管理人员。

（6）合伙人不得自营或者同他人合作经营与本合伙企业相竞争的业务。除合伙协议另有约定或者经全体合伙人一致同意外，合伙人不得同本合伙企业进行交易。合伙人不得从事损害本合伙企业利益的活动。

（7）合伙企业的利润分配、亏损分担，按照合伙协议的约定办理；合伙协议未约定或者约定不明确的，由合伙人协商决定；协商不成的，则由合伙人按照实缴出资比例分配、分担；无法确定出资比例的，由合伙人平均分配、分担。

合伙投资创业的流程

在合伙制中，多数的形式是几个朋友或者有想法的年轻人，聚在一起，把想法和资金放在一个盘子里，然后合伙创业。

接下来我们要针对流程进行细说关于朋友、家人、伙伴一起合伙创业的操作明细。

第一，选择公司形式：

普通的有限责任公司，最低注册资金为 3 万元，需要 2 个（或以上）股东，从 2006 年 1 月起新的公司法规定，允许 1 个股东注册有限责任公司，这种特殊的有限责任公司又称“一人有限公司”（当然在公司名称中不会出现“一人”字样，执照上会注明“自然人独资”），此时的最低注册资金为 10 万元。

如果你和朋友、家人合伙投资创业，可选择普通的有限公司，最低注册资金 3 万元；如果只有你一个人作为股东，那么就要选择最低注册资金为 10 万元的“一人有限公司”。

第二，注册公司的步骤：

（1）核名：前往工商局领取“企业（字号）名称预先核准申请表”，

填写你准备取的公司名称，检索是否有重名，如果没有重名，就可以使用这个名称，届时工商局会核发一张“企业（字号）名称预先核准通知书”（需缴纳30元的手续费）。

（2）租房：根据企业的性质，租赁办公写字楼或者厂房等。租房后要签订租房合同，并让房东提供房产证的复印件。

签订好租房合同后，还要到税务局去买印花税，按年租金的千分之一的税率购买。并贴在房租合同的首页，后面凡是需要用到房租合同的地方，都需要是贴了印花税的合同复印件。

（3）编写“公司章程”：可在工商局网站下载“公司章程”的样本，章程的最后由所有股东签名。

（4）刻私章。

（5）到会计师事务所领取“银行询征函”。

（6）去银行开立公司验资户：所有股东带上自己入股的那一部分钱到银行，还要带上公司章程、工商局发的核名通知、法人代表的私章、身份证、用于验资的钱、空白询征函表格等，银行才能给你开立公司帐户。开立好公司帐户后，各个股东按自己出资额向公司帐户中存入相应的钱。银行会发给每个股东缴款单、并在询征函上盖银行的章。

注意：公司法规定，注册公司时，投资人（股东）必须缴纳足额的资本，可以以货币形式出资，也可以以实物如房产、知识产权等出资。前往银行办的只是货币出资这一部分。如果是以实物、房产等作为出资的，需要到会计师事务所鉴定其价值后再以其实际价值出资。

（7）办理验资报告：拿着银行出具的股东缴款单、银行盖章后的询征函，以及公司章程、核名通知、房租合同、房产证复印件，到会计师事务所办理验资报告。

（8）注册公司：到工商局领取公司设立登记的各种表格，包括设立登记申请表、股东（发起人）名单、董事经理监理情况、法人代表登记表、指定代表或委托代理人登记表。填好后，连同核名通知、公司章程、房租合同、房产证复印件、验资报告一起交给工商局。随后在3个工作日之后可领取执照。

（9）凭营业执照，到公安局指定的刻章社，去刻公章、财务章。

（10）办理企业组织机构代码证：凭营业执照到技术监督局办理组织机构代码证。

（11）去银行开基本户：凭营业执照、组织机构代码证，去银行开立基本帐号。最好是在原来办理验资时的那个银行的同一网点去办理。

（12）办理税务登记：领取执照后，30日内到当地税务局申请领取税务登记证。一般的公司都需要办理两种税务登记证，即国税和地税。

（13）申请领购发票：如果你的公司是销售商品的，应该到国税去申请发票；如果是服务性质的公司，到地税申领发票。

打造全新的薪酬体系

薪酬是一个非常敏感的话题，在合伙制中同样是一个极其艰难的任务。很多人都认为年终分钱时是合伙人最艰难的时光，的确是这样。

很多企业的创始人不知道自己是否应该拿工资？作为公司的创始人，虽然每年分红可以分到很多，但公司另外一位合伙人，每年可以拿到几十万的年薪，而他的年薪却为零，这样到底合不合理？

…………

因此，合伙制的建立流程中，我们千万不能忽视薪酬体系。

设立薪酬体系的三大事项

当然，设立薪酬体系并不能盲目设立，需要考虑下列三个问题（见图5－1）：

第一个是公司要素，主要看这家公司的投资回报性质。例如有一个做房地产的合伙人，投资一家房地产，前几年几乎不盈利，甚至几乎都是财政赤字，合伙人想拿出钱几乎是不可能的。然而，在半年前却突然房地产大热，这家公司赚了几个亿。这种重资产的公司，将决定合伙人分红是存

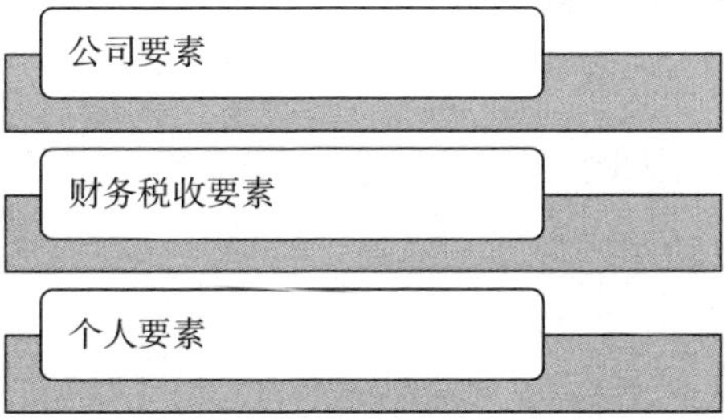

图 5－1　薪酬体系三大事项

在很长周期的。

第二个是财务、税收要素。在这里，我们要明确薪酬是以什么样的税收政策取出来的，而且还要有利于公司合理的避税经营。

第三个是个人要素，或者说岗位要素，我们以工作时间和绩效为主来考虑。

考虑个人要素，我们也可以分为三类：

第一种是贡献完全不同的合伙人，比如说不同的岗位。

第二种是贡献不同，但可以比较的合伙人，比如说职能部门。

第三种是贡献几乎完全相同的合伙人，比如专业人士合作，律师事务所、会计事务所之类，同事间工作内容非常相近。

建立一个薪酬委员会

合伙公司还必须要建立一个薪酬体系（薪酬委员会），因为薪酬是公司的命脉。发钱要发得科学合理，甚至要发得高效，我们要定期检查和批准公司的预算以及红利的分配。薪酬也是公司的一个重要的竞争战略，有时候薪酬过低、成本控制得过好，正是公司成长乏力的表现。

在薪酬体系中，我们需要有一个顾问委员会，比如法律、财务，这方面我们都要有负责人（高手）。在顾问委员会中，还要设定一个人才委员会，因为公司后续的发展决定于人，一个关键性的人才起着决定性的改变。

在这里，要注意下图中三个关键点，见图5－2。

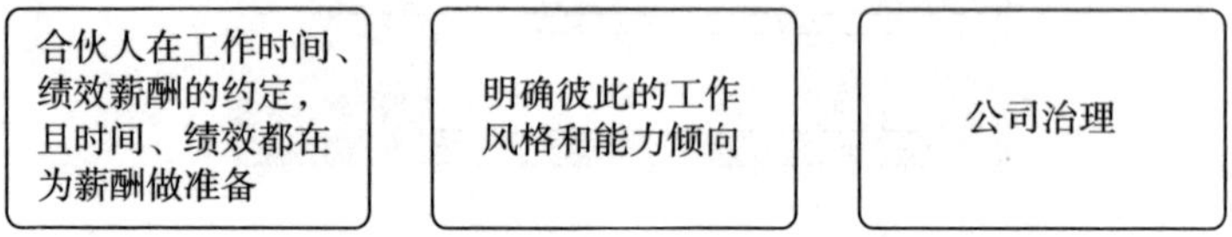

图5－2　薪酬体系中注意的三个关键点

第六章

股权设计

将企业的控制权抓在手里

不少企业有人才，有技术，有好的商业模式，但却发展缓慢，创始人只能远远看着企业走歪路。因为股权设计不够合理，创始人失去了控制权。看着一手创办的企业尽在别人手中，必定心痛无比。合理的股权架构设计是合伙企业发展壮大的第一步，也是创始人分享未来成果的基础。

创始人因何痛失企业的控制权

有多少企业，在初创时期，为了获得更多的资金而进行股权融资，最终结果是钱融到手了，但是控制权却失去了。

原因是什么？因为他们没有做好万全的股权设计，从而丢了控制权。

开门见山：创始人因何痛失公司的控制权？

在了解这一点之前，我们应该从法律的角度去思考和提醒合伙创业者：如果不想让自己辛苦创业的结果被他人盗取，就必须告诉自己，要牢牢掌握住公司的控制权。这需要从三方面来了解企业的控制权：股权层面的控制权、董事会层面的控制权、公司经营管理的实际控制权。下面主要来说一下股权层面的控制权问题。

避免僵局股权比例设置

我们先来看一个案例：2010 年 5 月，一号店创始人于刚在金融危机之后的资金困境中从平安融资 8000 万元，从而让出了 1 号店 80% 股权，控制权就此落入他人手中。后来，平安将 1 号店的控股权又转让给了沃尔玛。

经过多次波折，1 号店的控制权最终被沃尔玛握在了手上。据了解，在收购1号店之前，沃尔玛最先看好的是京东，但因为京东不想失去控制权，所以拒绝了沃尔玛。随后，沃尔玛才选择了1号店。

股权是对公司的终极控制权利，公司最重大的事项通常都是基于股权由股东（会）决定的。天使投资人徐小平先生曾告诉大家："如果（创业者）一开始就把主权让出去（60%给出去），再伟大的企业也做不下去；我（创业者）只要把事情做起来，这个股份多少不重要，这是错误的，凡是不以股份为目的的创业都是耍流氓。"

下面详细说一下股权层面的控制权问题。

股权层面的控制权体现在两方面（见图6－1）：

图6－1 股权层面控制权

在绝对控股权情形下创始人持股如果达到67%，即三分之二，公司决策权则完全掌握在手中；绝对控股权情形下创始人至少要持有公司51%的股权。

相对控股权往往需要公司创始股东为持有公司股权最多的股东，与其他股东相比可以保持对公司的相对控制力。

在这里，我们有法律作为依据：根据中国《公司法》和公司章程，公司的最高决策机构是股东（会），股东会的普通表决事项，多为二分之一以上多数表决权通过，而少数重大事项（如公司章程修改）还需要三分之二以上表决权通过。掌握了控股权，就能够控制股东（会）决策，进而控制公司。

因此，对于初创公司，最好要避免容易导致僵局的股权比例设置，例如50：50、65：35、40：40：20乃至50：40：10。

在这方面不仅有一号店的案例，还有真功夫的失败案例。真功夫的蔡达标和潘宇海各占 50%，引入 PE 以后，是 47% 对 47%；这种股权分布无异于一颗定时炸弹，为真功夫内部股权纠纷埋下了隐患。

再比如海底捞，早期创始人张勇夫妇和施永宏夫妇各持 50% 股权，海底捞经过多年发展之后，张勇从先后离开公司管理岗位的施永宏夫妇手中购买了 18% 的股权，由此张勇夫妇成了海底捞 68%（超过三分之二）的绝对控股股东。

股权与投票权分离

股权与投票权是可以分离的。现实情况中，公司不断融资壮大之后，创始人股权会被不断稀释，很难一直保持公司的绝对控股权。为继续持有公司的控制权，可以将其他部分股东股权中的投票权分离出来，交给创始股东行使。

投票权从其他股东的股权中分离出来，主要有以下四种体现形式，见图 6－2。

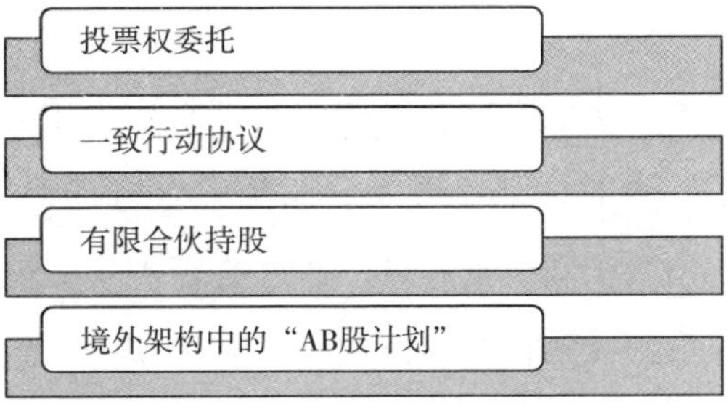

图 6－2　股权与投票权的分离方式

需要提醒的一个注意事项是：创始人需要注意把握融资的节奏。一般情况下，企业早期融资的估值和股价都比较低，随着公司发展规模越来越大，公司的估值和溢价会越来越高，融资对创始人股权的稀释效应也会有很大的递减效果。但是，资本对企业扩张的作用却是不言而喻的，而融资市场瞬息万变，因此创始人需仔细衡量和规划，明确在什么时间该融资，融多少，以此来维持公司稳健的资金流，同时又能兼顾与公司估值的合理平衡。

当然这也需要创始人去争取尽可能多的投票权。投票权与股份份额并非一一对应或不可分离，创始人可以通过上述四种方式争取控制其他股东的投票权，从而维持公司稳定的控制权。

下面针对四种方式来一一分析。

1. 投票权委托

投票权委托是指公司部分股东通过协议约定，将其投票权委托给其他特定股东（如创始股东）行使的过程。

我们以京东为例，京东的招股书中显示，在京东发行上市前，京东有11家投资人将其投票权委托给了刘强东行使。刘强东虽然只是持股20%左右，但仍然可以通过老虎基金、高瓴资本、今日资本以及腾讯等投资人的投票权委托全面掌控京东。

2. 一致行动协议

一致行动人即通过协议约定，某些股东就特定事项采取一致行动。当合伙人出现意见不一致时，某些股东会跟随一致行动人投票。打个比方，创始股东之间、创始股东和投资人可以通过签署“一致行动”协议加大创始股东的投票权权重。一致行动协议内容通常体现为一致行动人同意在其作为公司股东期间，在行使提案权、表决权等股东权利时做出相同的意见表示，以其中某方意见作为一致行动的意见，以巩固该方在公司中的控制地位。

一致行动协议在境内外上市公司中是很常见的现象。例如阿里巴巴，马云仅持有7.8%股权而软银把不低于阿里巴巴30%普通股的投票权委托给了马云与蔡崇信行使。

3. 有限合伙持股

有限合伙企业在中国是一种比较新的企业形式，有限合伙企业的合伙人分为普通合伙人和有限合伙人。普通合伙人执行合伙事务，承担管理职能，而有限合伙人只是作为出资方，不参与企业管理。因此，可以让创始人或其名下公司担任 GP，从而控制整个有限合伙，进而通过这个有限合伙持有和控制公司的部分股权。

4. 境外架构中的“AB 股计划”

该方式也称为“境外的双股权结构”，实际上就是“同股不同权”。其主要内容包括：公司股票区分为 A 序列普通股（Class A common stock）与 B 序列普通股（Class B common stock）；A 序列普通股通常由机构投资人与公众股东持有，B 序列普通股通常由创业团队持有；A 序列普通股与 B 序列普通股设定不同的投票权。

于美国上市的公司通常都会采用这种结构来维持公司创始团队的控制权，比如，Facebook、Google 与百度等企业都将其 A 序列普通股每股设定为 1 个投票权，B 序列普通股每股设定为 10 个投票权。京东、聚美优品采取的也都是这种 AB 股制度。如京东的股东协议中，刘强东及管理层持有的股份每股代表 20 份投票权，其他股东持有的股份每股只能代表一个投票权，这样刘强东及其管理团队虽然只持有 20% 左右的普通股，但是由于有双层投票结构保护，其投票权能确保股东会上重大议案有绝对的发言权和控制权。

因此，绝大多数的创始人之所以会失去控制权，就是因为在股权设计和分配中没有形成一个清楚的全局观，从而为了融资或者其他原因致使自己手中的股权被稀释，最终丢失控制权。因此，从上述几个方面我们也可以看出，根据这些方式我们就可以有效控制好股权。

设计股权架构生命线

股权设计是创始人掌控企业控制权的重要命脉，这需要我们设计好股权架构，而股权架构最好的方式就是设计生命线。根据专业人士研究发现，股权架构有9条生命（见图6-3）。只有把握好这9条生命线，股权

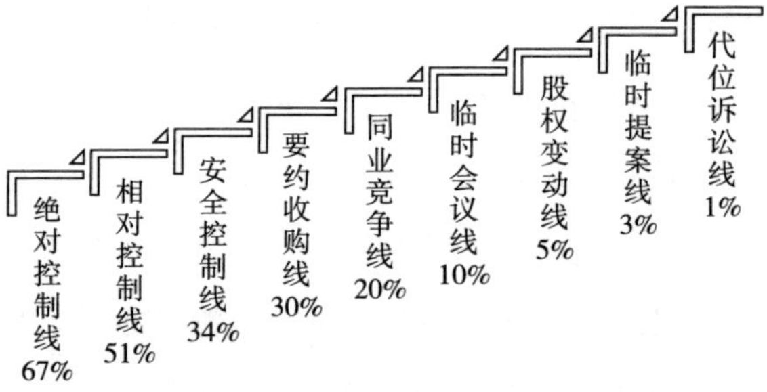

图6-3 股权设计九条生命线

架构才能合理合规，才不会让创始人失去对控制权。下面具体分析每条股权控制线。

（1）绝对控制线：67%。

绝对控制线，顾名思义是指创始人掌握了企业的67%的股权，对企业修改公司章程、合并、变更主营项目、重大决策等有绝对控制权利。

《公司法》第四十二条规定：股东会议由股东按照出资比例行使表决权，但同时也要注意下表中几个问题。

1	确定“经代表三分之二以上表决权的股东通过”中的“以上”是否包括本数。民法通则第一百五十五条中规定“以上”“以下”“届满”，包括本数；“不满”“以外”，不包括本数。公司法属于民商法的一部分 《公司法》对“以上”等含义没有相关解释和规定，因此《公司法》中的“以上”应包括本数
2	“三分之二”转换为百分比，不止代表67%，还包括66.7%、66.67%、66.667%
3	《公司法》第四十二条中指出：“但是……公司章程另有规定的除外。”可以固定不按出资比例行使表决权，可依照公司法规定三分之二，也可自行约定一个比例
4	有限公司与股份有限公司在表决问题上各有不同规定，不能等同

（2）相对控制线：51%。

是指创始人占据企业股份的51%，对企业的重大决策表决有相对控制权。从法律层面上来说，这只是一个相对的控制权，一部分事项由创始人决定，但是涉及重大事项、增资减资，以及企业的解散、注销，创始人并没有决定权，需要股东会投票决定。

（3）安全控制线：34%。

是指创始人对于董事会的决议拥有一票否决权，也可以理解为创始人对企业的控制处于一条安全线上。

根据《公司法》规定，企业的重大决策需要三分之二以上表决权通过，如果有一个股东拥有超过三分之一的股权，另一方的表决权就无法达到三分之二以上，那么该企业的重大决策就无法通过。如此，就代表创始人只要拥有34%的股权，就拥有了控制企业的生命线，即安全控制权。但是，对于其他只需要半数以上通过的事宜，创始人就无法拥有否决权。

（4）要约收购线：30%。

要约收购线主要针对上市企业，初创企业并不涉及。如果企业有上市需求，那么就需要关注30%这个点。如果企业已经上市了，某位股东持股30%，其要想控制企业，就需要加大股份占比。但是《证券法》与《上市公司收购管理办法》都有规定：如果要收购该企业，已经有30%股份的股东，需要向所有股东发出通知，表明自己的收购意图。

（5）同业竞争线：20%。

是指上市企业所从事的业务，与其控股股东所控制的其他企业，或实际控制人所控制的其他企业所从事的业务相同或相近，双方构成直接或者间接的竞争关系。法律上对此并无明确规定，一般认为，关联企业特指一个股份公司通过20%以上的股权关系或者重大债权关系能控制或者影响任何企业，包含股份公司的大股东、子公司、并列子公司以及联营公司等。

（6）临时会议线：10%。

是指股东如果拥有10%的股份，就可以拥有举行临时会议的权利，并拥有临时提出质疑、调查、起诉、清算、解散公司的诉权。因此，在设计股权架构、做股权激励或者引进投资者时，最好不要让企业的某个利益小团体的持股比例超过10%。

（7）股权变动线：5%。

是指上市企业如果有超过5%的股权要转让或者变更，就需要进行公示与披露。除此之外，《公开发行证券公司信息披露编报规则（第12号）——公开发行证券的法律意见书和律师工作报告》（证监发〔2001〕37号）第三十八条对5%的股权有以下规定：企业必须就拟上市公司与持有拟上市公司股份5%以上的关联方之间是否存在同业竞争等进行说明。根据该规定，IPO审核中同业竞争的判断范围扩大至持有拟上市公司5%以上的关联方，包括：持有拟上市公司5%以上股份的法人股东及其控制的企业，以及直接或间接持有公司5%以上股份的自然人股东的直系亲属所控制的企业。

（8）临时提案线：3%。

是指企业股东拥有3%的股份，就拥有临时提案的权利。《公司法》第一百零二条规定：单独或者合计持有公司3%以上股份的股东，可以在股东大会召开十日前提出临时提案并书面提交董事会；董事会应当在收到提案后两日内通知其他股东，并将该临时提案提交股东大会审议。临时提案的内容应当属于股东大会职权范围，并有明确议题和具体决议事项。

（9）代位诉讼线：1%。

是指企业股东如拥有1%的股权，就可以拥有间接的调查与起诉权，也称派生诉讼权。《公司法》第一百五十一条规定：有限责任公司的股东、股份有限公司连续180天以上单独或者合计持有公司1%以上股份的股东，可以书面请求监事会或者不设监事会的有限责任公司的监事向人民法院提起诉讼；监事有本法第一百五十条规定的情形的，前述股东可以书面请求董事会或者不设董事会的有限责任公司的执行董事向人民法院提起诉讼。

科学合理设计股权比例

企业在设计股权架构时，如何设计才能满足所有合伙人的需求，并让他们乐意为企业提供尽可能多的资源，这需要从投资者、创始人，以及合伙人等多个角度去科学合理地设置股权架构。

第一，从投资者角度设置股权架构。

投资者愿意投资初创企业，除了十分看好企业本身以及创始人的能力之外，最为关注的就是企业的股权。一般投资者对初创企业的股权结构分配有以下几个要求或者喜好（见图6-4）：

图6-4　投资人对股权的要求

（1）反对平均制股权架构。

在这一点上，尤其是对刚成立的规模较小的企业，投资者更喜欢让企业的核心人物拿到比其他人所占的股份总数还要多的股份，例如66%、

51%的股权比例。投资者之所以让企业核心人物掌控大股，原因在于核心人物如果对企业有绝对或相对控制权，那么企业的决策就不会受到外在因素影响，从而会让刚成立的企业快速发展壮大，降低投资者的风险。

（2）注重股权调整预留空间。

投资人都注重初创企业在创业初期是否为股权调整预留足够的空间，即是否为之后的员工激励和风险设计期权池。这种要求也说明投资人对创始人的眼光很重视。因为随着企业的发展，需要引进更多的人才与资金。如果没有预留足够的股权调整空间，那么就要稀释早期投资者的股权，这是多数投资者都不愿意看到的。

（3）倾向于有明显梯度的股权架构。

一般的投资者都比较喜欢这样一个股权架构（见图6－5）：

创始人持股50%~60%+联合创始人持股20%~30%+预留股权池10%~20%

图6－5　投资人喜欢的股权架构

这是一种有明显梯度的股权架构，是投资人认为很好的股权比例分配架构模式，可以为企业未来的发展和壮大打下基础。

第二，从创始人角度设置股权架构。

从创始人角度而言，股权比例的设置无非有两点，即对于自己，要有足够的股权控制，对于他人，谁为企业提供的资源多，就给谁相对多的股权。在这里，对于创始人来说，有三点股权设计的方式：

（1）加强创始人对企业的控制权。

拥有企业控制权的最好方式只有股权控制。然而很多时候不是所有创始人都能对企业有绝对控制权，很多时候创始人也无法在股权份额上占据绝对优势。那么，在这种情况下，创始人如何才能保证自己对企业的控制权呢？

方法一：让创始人拥有更多具有高表决权的股票，而让那些对企业没有太大作用的人获得低表决权的股票，进而实现创始人对企业的控制。

方法二：创始人还可以通过投票权委托、一致行动人，或者通过设置持股实体来持有小股东所持有的股权来实现对企业的控制权。

方法三：可通过授予创始人对一些重大事项的否决权，例如企业合并、分立、解散、融资、上市、年度预算结算、重大资产出售、审计、重要人士任免、董事会变更等来实现对企业的控制权。创始人拥有了否决权，即使股权低于50%，在股东会决策中，也可以拥有主动权。

（2）细分股权时，谁带给企业资源多，谁就能多得股权。

对于创始人而言，哪些合伙人能分得股权，哪些员工能分得股权，是非常重要的问题。在细分股权时，决定是否分和分多少的关键因素，在于他们能给企业带来多少有用的资源。

资源可分为两种：一种是短期资源，一种是长期资源。

短期资源是指能为企业提供短期贡献的，为企业解决某时期内问题的资源。如企业在发展瓶颈中特别需要一个技术支持，某个合伙人或者员工能提供这一点，那么其就可以获得一定的股权。

而长期资源很容易理解，是指可以为企业提供长期的资源短缺或者技术支持。在分股权时，需要注意短期需要、股权份额不可过多。

第三，从合伙人角度设置股权架构。

从合伙人的角度来设置股权比例设置，首先，要明确怎样的人是初创企业的合伙人，最好的合伙人是能为初创企业实现资源互补的。

其次，挑选出合伙人之后，为保证合伙人能倾尽自己的资源为企业作贡献，需要设置一个股权机制，让合伙人通过付出来获得相应的股权，即股权成熟机制。此外，合伙人也可能因为其他原因无法履职，譬如因故意和重大过失被解雇、离婚、死亡继承以及犯罪等离开企业，所以还应该考虑设置合伙人股权回购机制，或者考虑使用限制性股权。

合伙人股权分配必须考虑的因素

对于创业者来说，创业早期最头疼的问题之一就是如何在创始合伙人之间分配股权。

如果各创始人合伙创业之前就是朋友、同事或者关系紧密的人，在确定各位合伙人的价值和贡献过程中，一旦在股权分配上处理不当，就很容易伤害原来的感情。所以在股权分配时，创始人总是难以做出一个合理的选择。

很多创业者对此十分苦恼，到底应该如何公平合理地分配股权，才能让合伙人紧紧抱团，并且走得更远？事实上，只要是创业合伙人认为公平合理的股权分配方案，就是最好的方案。

但是无论如何，我们都应该要明确合伙人在股权分配时，必须要考虑的因素有哪些。

合伙人的角色功能

首先，创始人可能需要考虑的因素就是公司的各方面职责分别由哪些合伙人负责，当然某些合伙人可能担任多个角色。我们需要从三个方面来分析核心角色（见图6－6）。

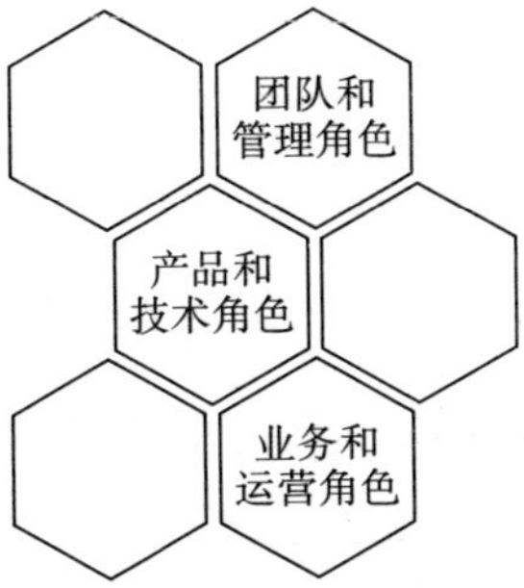

图6－6　合伙人角色功能

1. 团队和管理角色

这个角色体现为团队的召集者，创业想法的提出和践行者，主要负责公司融资等战略性事宜，也就是大家通常说的意见领袖和灵魂人物。

2. 产品和技术角色

这个角色体现为公司产品（技术）开发的主导者，往往是公司的技术合伙人，可能还与灵魂人物及负责业务运营的合伙人共同扮演产品经理的角色。

3. 业务和运营角色

体现为公司产品推广和运营的负责人，往往具有相关行业的运营经验、资源和人脉，对公司的收入起主要作用。

我们确立了创始人是谁，技术合伙人和运营合伙人的角色之后，还需要确定每位联合创始合伙人的身价。

例如苹果公司，在起始阶段的股权比例是乔布斯和沃兹尼亚克各45%，韦恩10%；谷歌，早期的股权分配是佩吉和布林一人一半；Facebook早期，扎克伯格65%，萨维林30%，莫斯科维茨5%。

此外，我们还应该试着把“身价”分为以下几个环节来分析：

（1）初始股权（每人均分 100 份股权）。我们给每个创始人 100 份股权。假设公司现在有三个合伙人，那么一开始他们的股权分别为 100/100/100。

（2）召集人（股权增加 5%）。召集人可能是 CEO，也可能不是 CEO，但如果依靠他的影响力召集了大家一起来创业，他就应该多获得 5% 股权。假设 A 是召集者。现在的股权结构为 105/100/100。

（3）创业点子及执行很重要（股权增加 5%）。如果创始人提供了最初的创业点子并执行成功，那么他的股权可以增加 5%。

（4）迈出第一步（股权增加 5% ~25%）。如果某个创始人提出的概念已经着手实施，比如已经开始申请专利，或者其他对吸引投资或贷款有利的事情，那么这个创始人额外可以得到的股权，从 5% 到 25% 不等。

（5）CEO，即总经理应该持股更多（股权增加 5%）。CEO 作为对公司贡献最大的人从道理上也应该拥有更大股权。

一个好的 CEO 对公司市场价值的作用，要大于一个好的 CTO，所以担任 CEO 职务的人股权应该多一点。

（6）全职创业（股权增加 200%）。如果有创始人全职工作，而有些联合创始人则兼职工作，那么全职创始人就显得更有价值。因为全职创始人工作量更大，而且冒的风险也更大。

（7）信誉是最重要的资产（股权增加 50% ~500%）。如果创始人是第一次创业，而他的合伙人里有人曾经参与过风投投资成功了的项目，那么这个合伙人比创始人更有投资价值。在某些情况下，某些创始人会让投资人觉得非常值得投资，这些合伙人基本上消除了风险，所以最好让他们在这个阶段获得最多的股权。

（8）现金投入参照投资人投资。很可能是某个合伙人投入的资金相对而言多得多。这样的投资应该获较多股权，因为最早期的投资，风险也往往是最大的，所以应该获得更多股权。

最后进行计算。现在，如果最后计算的三个创始人的股份为200/150/250，那么将他们的股份数相加（即为600作为总数，再计算他们每个人的持股比例就是33%/25%/42%。

什么时候签署合伙人股权分配协议

在影响合伙人股权分配中，还有一个元素十分重要，那就是什么时候签署股权分配协议比较合适。

许多创业公司很容易出现一个问题：创业初期大家一起打拼，不会考虑各自占多少股份和怎么获取这些股权，因为此时的公司，股权就是一张“空头支票”。当公司前景越来越清晰，发展越来越好时，初期的合伙人越来越关心自己的利益，如果此时讨论股权怎么分，很可能会导致分配方式无法满足所有人的预期，甚至会让整个团队出现内部矛盾，最终影响公司的前景和发展。

因此，在创业早期，合伙人应该考虑做好股权分配，并且签署股权分配协议，只有这样，合伙人才不会有异议，也才能全身心投入到企业的管理和运营当中。

要考虑到股权发放之后合伙人的股权与贡献匹配问题

股权发放后，发现合伙人拿到的股权与贡献不匹配，怎么办？这也是一个影响合伙企业分配股权的因素。公司股权一次性发放给合伙人，但合伙人的贡献却并非一次到位，而是分期到位，这样的确很容易出现股权配备与贡献不匹配的情况。

为了对冲这类风险，创始人可以考虑下列几个做法（见图6－7）：

“先结婚、后恋爱”：合伙人之间要设立一个磨合期，先要考察合伙人

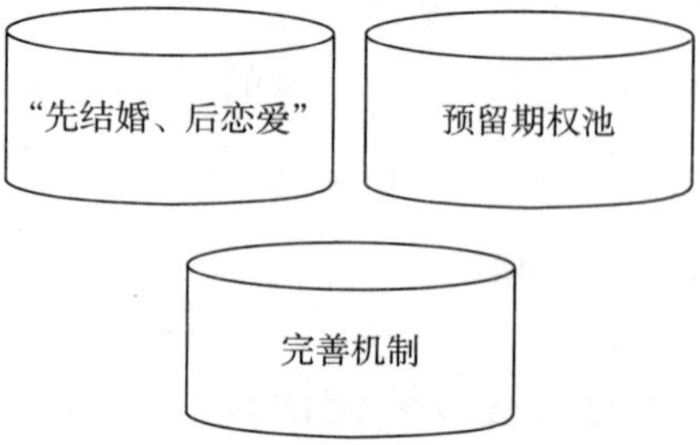

图 6－7　股权分配之前的做法

一段时间，从工作情况和对公司贡献等方面来综合考量，这也是对双方负责的表现。

预留期权池：在创业初期，可以先预留出较大期权池，给后期股权调整预留空间。

完善机制：完善股权分期成熟与回购机制，这样也可以对冲这种不确定性风险。

AB 股计划：股权与投票权分离，双重股权制

在进行这一节的时候，我们先来看一下京东创始人刘强东的股权情况。

京东在 2017 年最新提交给 SEC 的 20 – F 文件显示，截至 2017 年 2 月 28 日，京东集团 CEO 刘强东共持有 452 044 989 股，持股比例 15.8%，但是却拥有 80% 投票权。

也许你会认为，刘强东只持有 15.8% 的股权，那企业的控制权自然是落入他人手中。事实上并非如此，事实是刘强东依然牢牢地掌控着京东。

想要知道详情，继续往下看。

先用一个图来看一下京东的普通股设计（见图 6 – 8）。

截至 2017 年 2 月 28 日，黄河投资持有京东股票 516 974 505 股，持股比例 18.1%，拥有投票权 4.4%，黄河投资正是腾讯旗下投资机构，这也就意味着腾讯仍然是京东的第一大机构股东。

京东集团 CEO 刘强东为第二大股东，共持有 452 044 989 股，持股比例 15.8%，其中 15.7% 的股权通过英属维尔京群岛公司 Max Smart Limited 持有，这部分股权拥有投票权 71.7%，Fortune Rising Holdings Limited 持股

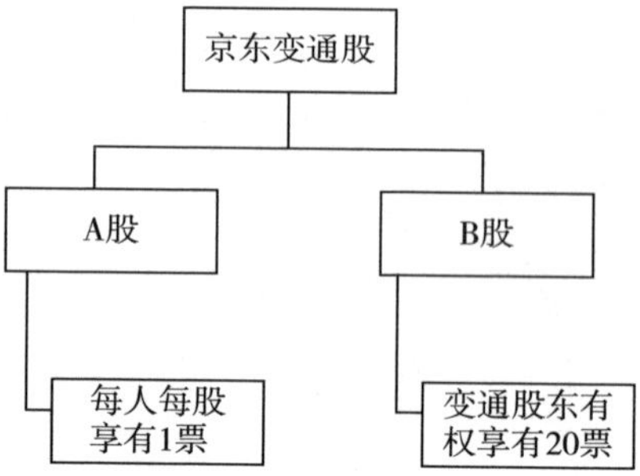

图 6-8　京东普通股

1.7%，拥有 8.3% 的投票权，这部分投票权归刘强东所有，这使得刘强东共拥有 80.0% 的投票权。

此外，我们可以再分析一下其他的京东大股东：

沃尔玛持有 289 053 746 股，持股比例 10.1%，为第三大股东，拥有投票权 2.5%。

高瓴资本持有 193 936 122 股，持股比例 6.8%，为第四大股东，拥有投票权 1.6%。

截至 2016 年 2 月 29 日，腾讯持有京东 498 850 435 股，占比 18%，为京东最大机构股东，但只拥有 4.2% 的投票权。高瓴资本持有 45 217 184 股，占比 8.9%，拥有 2.1% 的投票权。

对比 2016 年和 2017 年两份 SEC 文件可以发现，腾讯持有京东股票比例有一定的提升，投票权也有所上升。高瓴资本则因沃尔玛加入以及自身对京东股票的减持，由第三大股东降为第四大股东。

2016 年 6 月，沃尔玛以旗下"1 号店"并入京东，换得京东约 5% 股份。此后沃尔玛又增持京东，持股比例升至 10% 左右。

2017 年 3 月京东财报显示，2016 年全年京东集团非美国通用会计准则下（Non-GAAP）净利润达到 10 亿元，实现扭亏为盈。2016 年京东全年交易总额（GMV）同比增长47%，达到6582亿元（遵循行业口径统计方式，2016年交易总额已高达9392亿元；2016全年净收入为2602亿元，同比增长44%）。

从京东的这个案例中可以看出，刘强东尽管控股15.8%，但是投票权却占据80%，拥有企业的绝对控制权。因此，引出了本节的主题：股权与投票权分离，这样也能保住控制权。

从理论上来说，我们建议创始人手中持有的股权最好不低于50%。但是随着多轮融资的稀释，这个占股比不一定能够完全实现。那么如果创始人发现自己的股份低于50%，这个时候，该怎么取得控制权呢？答案就是可采用股权和投票权分离的方式，也就是"AB股计划"，实行同股不同权的双重股权计划。

"AB股计划"，双重股权

相信没有一个创始人愿意看着自己辛苦创办的公司，因为初期的股权结构设置不合理，而最终将控制权拱手让人。那么有没有办法避免这一点呢？答案当然是肯定的。我们建议走双重股权结构，也就是同股不同权的方式。

双重股权结构，也称为AB股制，或者二元股权结构，是一种通过分离现金流和控制权而对公司实行有效控制的手段。不同于同股同权的制度，在双重股权结构中，股份通常被划分为高、低两种投票权。高投票权的股票拥有更多的决策权，但不会赋予投资者太大的话语权。

这一点主要针对上市公司而言，上市公司可通过同股不同权的形式将公司股票分为高低两类投票权（见图6-9），换言之，对普通投资者公开发行的低投票权A股，以及针对公司少数高管的高投票权B股。设置AB股的目的正是分离股权和投票权，以此来保证创始团队的管理权。

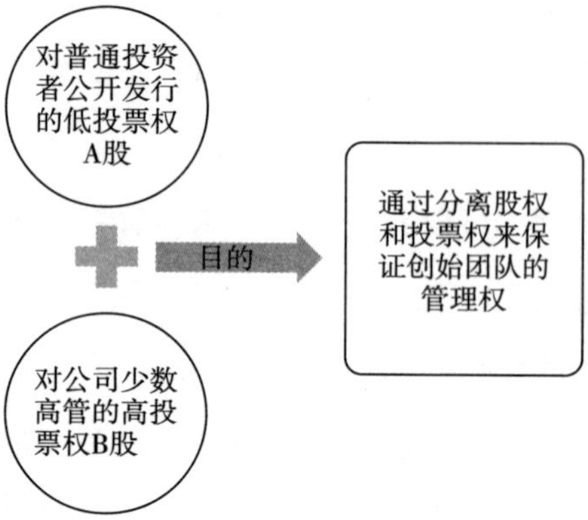

图 6-9　AB 股计划

谷歌在上市时就是采用的 AB 股模式，佩吉、布林、施密特等公司创始人和高管持有 B 类股票，每股表决权等同于 A 类股票 10 股的表决权。2012 年，谷歌又增加了不含投票权的 C 类股用于增发新股。这样一来，即便是总股本继续扩大，创始人手中的股票减持到 20%，也仍然拥有 60% 的投票权，所以控制权也还是掌握在创始人的手中。

Facebook 上市时同样也使用了这种股权设置方式。公司实行的是投票权 1：10 的 AB 股模式，如此一来，创始人扎克伯格一人就可以拥有 28.2% 的表决权。此外，扎克伯格还和主要股东签订了表决权代理协议，在特定情况下，扎克伯格可以代表股东行使表决权，换句话说，扎克伯格实际掌握了企业 56.9% 的表决权。

这样的股权结构能够确保创始人牢牢地掌控公司，像谷歌和 Facebook 创始人这样的精英也十分深信，没有任何一个股东能比他们更热爱企业，更懂得经营公司，因此只有他们牢牢控制公司才能保证公司的长远利益。

归集表决权

如果创始人发现自己的股份低于50%，这个时候就可以采用“AB股计划”，但是这个计划的实行需要用归集表决权的方式来实现。简单来说，就是让公司其他小股东的表决权变相集中到创始人的手中。

主要的方式有三种（见图6－10）：

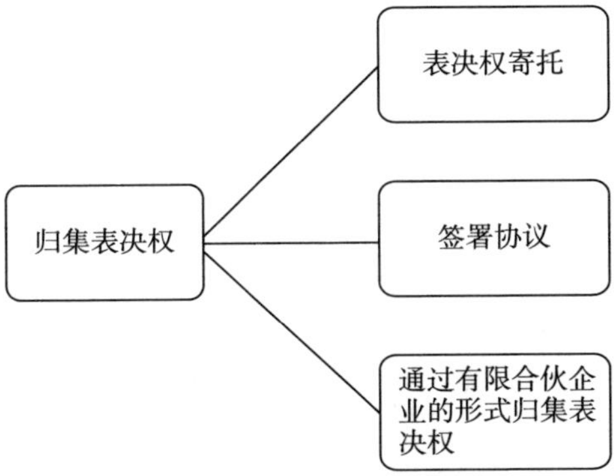

图6－10　归集表决权方式

（1）表决权寄托：让其他的小股东签署授权寄托书，将持有的表决权授予给创始股东。

（2）签署协议：创始股东跟其他小股东一起签署一个协议，通过协议来约定某些股东就特定事项采取一致行动，如意见不一致，按照创始股东的意志进行表决。

（3）通过有限合伙企业的形式归集表决权：通过设立有限合伙企业的形式把小股东的表决权归集到创始人手中，增加创始人手中表决权的数量。

创始人股东要作为有限合伙企业的普通合伙人，其他股东为有限合伙人。根据《合伙企业法》的规定，有限合伙企业是由普通合伙人来控制的，有限合伙人是不能参与有限合伙企业的经营管理和决策的，因此创始股东就控制了这个有限合伙企业所持有的目标公司的表决权。通过这种方式，创始团队小股东的股权都能集中在创始人手上，这样加在一起，虽然创始人自身的股权低于50%，但其表决权却高于50%，如此也就能继续保证创办人在公司股东会层面的控制权。

第七章

激励设计

拿出一套完美的股权激励方案

股权激励的实施对企业的营收以及市值的增长有很大帮助。完善的股权激励体系能让企业、股东、员工三方面实现共赢。事实上，企业应该将股权激励作为长久深度的激励机制，它可以燃起员工积极主动的热情，完成企业目标，实现最大收益。可以说，无论是合伙企业还是非合伙企业，都应该将股权激励当作一项重要的事业来做。

没有股权激励的合伙制走不远

对很多创始人、合伙人、员工而言，股权激励这个名词已不陌生。越来越多企业都开始尝试股权激励模式，以求能长久地留住管理人才以及高级技术人才，提高管理人员经营管理的积极性、主动性、创造性，以此来保证企业的持续稳定发展，实现企业利润、企业价值最大化。

随着公司股权的日益分散，管理要求也精益求精，企业需要更多的专业技术人才和管理人才，合伙人模式也越来越受欢迎。在合伙人模式中，如何能让合伙人不遗余力地管理企业？股权激励机制是最好的解决方案。

下面先了解一下股权激励的概念。

股权激励是公司为了鼓励管理者尽职尽责服务，实现公司利润最大化，而给予管理者超过其报酬或年薪以外的一种激励制度。它主要是指上市公司以自己公司的股票为代价，对公司高层管理人员以及其他特殊人才（合伙人、员工等）进行的一种长期激励方式。通过股权形式，给经营者、管理者一定的经济权利，形成利益共享风险共担的格局。

事实上，任何企业都可以实行股权激励，即便是没有上市的公司，也可以实行虚拟股权、预期股权等方式来激励。企业不仅要招贤纳士，更要懂得知人善任。但是，即使企业做到了这两点，许多企业仍存在人才荒问题，尤其是对合伙人企业制度，优秀的合伙人很难找，优秀的人才不断流失……

之所以会产生这种现象，是因为企业不懂得进行股权激励。股权激励是企业管理制度、分配制度乃至企业文化的重要构成，无论是中小微企业，还是上市大企业，都要建立股权激励机制。股权激励对企业的作用主要有以下四点，见图7－1。

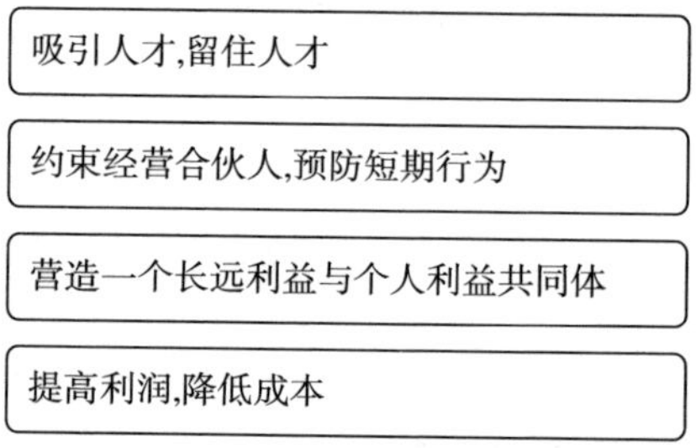

图7－1　股权激励的作用

股权激励的作用

1. 吸引人才，留住人才

假如企业实行了适用于企业本身发展阶段的股权激励措施，不仅可以让企业稳定住现有人才，还可以吸引更多优秀人才。如果你想要获得优秀的合伙人，那么最好拿出让对方心动的股权激励。人才是企业的灵魂，也是企业走向强大的力量，是一个企业有没有核心竞争力的关键因素。

通过股权激励计划，可以把人才的利益与企业的利益紧密联系起来，这样能增加他们对企业的归属感与认同感，激励他们更努力地工作，为企业带来更多收益。此外，完善的股权激励计划对吸引外部优秀的合伙人流向企业，让企业保持新鲜血液，使企业在激烈的人才竞争中立于不败之地也有重大意义。

说起股权激励，我们不得不说的就是华为。华为的股权激励计划一直是业界学习的对象。华为在每个阶段都会根据实际情况设计股权激励计划。这些股权激励计划为华为留住并吸引了人才，因为这些人才，华为才能成为世界知名企业，成为中国企业的代表。类似的还有腾讯、阿里巴巴等，都实行了很合理的股权激励。

2. 约束经营合伙人，预防短期行为

传统的激励方式搞不好就导致合伙人跳槽，甚至企业与企业之间也频频出现互挖墙角现象，这就造成了恶性竞争。不仅不利于企业的健康有序发展，更扼制了人才培养、成长和发展。很多企业也都不愿意付出太多的培训成本，都想去寻求现成的高端合伙人。

这种现象同样会造成严重的人才浪费和短缺。传统的激励方式主要是靠年度奖金等方式对管理人员进行奖罚。而股权激励的方式则解决了所有者激励方式的主观性，充分实现了利益共享，风险共担，预防管理者的短期行为。

3. 营造一个长远利益与个人利益共同体

通常情况下，企业的所有者与经营者之间的利益是不同的。所有者注重的是投资利益和长远发展，经营者为所有者提供的是服务和技术，他们更注重的是自己在职期内的个人报酬和工作业绩。两者之间存在不同的价值取向会导致他们经营管理方式、经营决策不同，甚至很大程度上影响企业发展。

有效的股权激励方法则可以营造一个所有者和经营者之间的利益共同体。使公司的所有人都朝着一个方向发展。股权激励制度使企业的长远利益与经营者之间个人利益实现了统一，有利于企业长远发展目标的实现。

4. 提高利润，降低成本

实施股权激励后，员工便成为企业股东，因此，他们也具有分享企业利润的权利。这种预期的收益或损失具有一定的导向作用，可以在很大程度上极大提高员工的积极性、主动性、创造性，促使员工创新，提高企业的经营业绩与核心竞争能力。

股权激励对下游员工的激励意义

从另一个角度来看，股权激励计划也是对员工工作和所创造的价值的一种认可。尤其是对下游的员工来说，能够获得股权激励是一种激励也是一种鞭笞，让员工使命感更强，奋斗目标更明确，从而使员工和公司能达到双赢的目的。

第一，股权激励计划对未获得奖励名额的员工提出了新工作目标、工作计划和工作状态。

从个人利益而言，股权激励的利益是可观的，从股权激励中获得的利益在一定程度上可以超出员工的生活需求。因此，这种直接的激励对那些未获得股权激励的员工来说是一种新的激励和鞭策，可以让他们更加努力工作。

第二，股权激励计划有利于增强员工的主人翁意识。获得股权激励名额的员工，他们会和公司管理人员站在统一战线上关注公司业绩与利润成长。这有利于增强员工的主人翁意识，以一个主人翁的身份为企业这个“大家”创造更多的利益和价值。因此，股权激励计划让员工身份从“打工者”转变成了“老板”，为自己打工，何乐而不为！

激励模式：股权激励的模式有哪些

每个企业也都有适合自己的股权激励方式，每个方式也都有不同的效果与前提条件。那么问题来了，到底股权激励的模式有哪些？下面我们来具体详细呈现。

股权激励的模式大致有以下八种：

业绩股票
虚拟股票
限制性股票
股票期权
股票增值权
延期支付
员工持股
员工收购

（1）业绩股票。

业绩股票往往是指企业在年初设定一个合理的业绩目标，激励对象假如在年末达成了目标，企业就会授予其一定数量的股票或是让其用一定的奖励、奖金购买企业股票。在这里，值得注意的是业绩股票的流通变现存在时间和数量上的限制。

（2）虚拟股票。

虚拟股票是指企业授予激励对象一种虚拟股票，激励对象据此可以享受企业分红权和股价升值收益，但受到激励对象没有对企业的管理权、表决权和投票权，也不能转让和出售虚拟股票，激励对象如果离职虚拟股票则自动失效。

很显然，虚拟股票是将股份的所有权和收益权分离开来，但由于这些方式实质上并不涉及公司股票的所有权授予，只是奖金的一种延期支付，在短期内，激励效果很好，但长期激励效果并不佳。

此外，非上市的中小企业，如新三板挂牌公司或未挂牌的“股份”公司也可以采用这种模式。如果是一般的“有限公司”，我们会称为“虚拟股权激励”。

此外，我们还应该明白一点，虚拟股票的发放不影响公司总资本和股权结构。虚拟股票是一种典型的内在激励方式。同时，虚拟股票激励模式还能在很大程度上避免因股票市场不确定因素造成公司股票价格异常下跌对虚拟股票持有人收益的影响。因此，虚拟股票激励方式操作起来很方便，只需要拟定一个内部协议就可以，不会影响股权结构，也不需要考虑激励股票的来源问题。

但是，虚拟股票激励对象可能会存在过分重视分红，减少企业资本公积金的积累，容易形成“分净利润”的想法，导致公司的现金支付压力增大。因此，企业在实行这种股权激励时，需要考虑自身情况来设计。

（3）限制性股票。

限制性股票是指企业事先授予激励对象一定数量的股票，但是，激励对象必须只能在完成特定目标后，才能抛售限制性股票。

（4）股票期权。

股票期权主要指企业授予激励对象的一种权利，让其必须在规定时间内以事先协议好的价格购买本企业流通的股票。很显然，股票期权具有时间和数量上的限制，要求激励对象自己行使权利，支付现金。

（5）股票增值权。

股权增值权是指企业授予激励对象的一种权利，如果股价上升，激励对象可通过行权获得股价升值收益。激励对象无须为行权担负任何现金费用，行权后可获得现金或是等值的企业股票。

还有一种股票增值权的方式，账面价值增值权，它分为购买型和虚拟型两种。前者是指激励对象在期初按每股净资产值购买企业股份，期末企业再以每股净资产末值回购；后者是激励对象在期初获得企业授予的一定数量的名义股份，无须实行任何现金支付行为，在期末按照企业每股净资产的增量与名义股份的数量来计算收益，并以此获得企业给予的现金。

（6）延期支付。

延期支付指的是企业将激励对象的部分薪酬，尤其是年度奖金、股权激励收入，按照当时企业股票市场价格折算成股票数量存入企业为激励对象单独设立的账户，规定时间过后，再以股票形式或根据期满时的股票市场价格，以现金方式支付给激励对象。延期支付与企业业绩紧密相连，企业业绩越好，激励对象得到的回报就越高。

（7）员工持股。

员工持股，顾名思义就是指通过让员工持有本企业的股票和期权，使其获得激励的一种长期绩效奖励计划。员工持股通常是由企业内部员工出资认购企业的部分股权，委托员工持股会管理运作，并由员工持股会代表持股员工进入股东会参与表决与分红。

（8）员工收购。

员工收购是指企业员工利用杠杆融资的方式购买企业的股份，成为股东，与其他股东一起分担风险与分享利益，从而改变企业的股权结构、控制权结构与资产结构，实现持股经营。

了解了股权激励的八大模式之后，我们还应该清楚股权激励的机制。股权激励手段能否发挥它的作用，除了受激励对象的内在利益驱动之外，还受到各种外在机制的影响，具体包括以下五种：

市场竞争机制	以行政任命或者其他非市场选择方式确定经理人这种方式很难让约束机制发挥它的作用。只有充分利用市场机制，择优选择，才能保证经理人的素质。同时，通过市场规律选择经理人，可以让其在经营过程中考虑到自身价值定位，从而避免投机、偷懒行为的产生，让股权激励对经理人行为产生长期的约束引导作用，使股权激励发挥最大的效果
市场评价机制	当前市场，人才评价标准缺乏一定的客观与公正性，这会影响到股权激励的效果。因此，企业在进行股权激励之前，必须要确保市场主体在人才评价中的基础与导向作用，减少外部影响，规范企业的人才评价行为，建立科学化、市场化的人才评价制度，使股权激励在正确的、优秀的人才身上发挥出最好的效果
约束控制机制	企业需要结合法律法规、企业规章制度、内部控制管理系统等，为股权激励建立一套良好的控制约束机制，防止激励对象做出有损企业利益的行为，保证企业健康发展
综合激励机制	除了受股份、股票收益影响之外，股权激励的效果还会受薪酬、奖金、晋升、培训、福利等综合因素的影响。不同的激励方式产生的效果不同，这要求企业根据自身的情况综合考虑股权激励措施
外部政策环境	外部政策环境对股权激励的效果也会有很大影响。企业要及时关注关于股权和股票激励的法律法规。例如法律规定：上市企业只能采取股票期权、限制性股票与股票增值权三种模式进行股权激励，涉及的标的股票总数不得超出企业股本总额的10%。这些规定都会对股权激励的效果有所影响

激励对象：正确挑选股权激励的对象

大部分企业在达到一定规模，具有一定实力时，都会实施股权激励。此时企业内部一般都会有很多合伙人或者高端人才，例如功勋元老、时下英雄、明日之星，更不乏自家亲戚。那么问题也来了，到底对哪些人进行股权激励？

在这里，很多老板的做法是：全部都发放股权，搞所谓普惠式的股权激励。如此一来，股权就会失去稀缺性。不稀缺的东西自然没人珍惜。因此，股权激励的对象需要一个规则。我们应该从多个角度综合考虑股权激励的对象。

股权激励目的决定股权激励对象

首先最重要的一点是要明确股权激励的目的是什么？也就是企业之所以做股权激励的动念是什么。目的决定股权激励的行动。

我们以举例来说明：

一家互联网科技企业于2007年创立，经过近10年的高速发展，到2017年步入发展瓶颈期。企业出现了很多问题：业务增长缓慢，利润下降，员工动力不足，核心团队流失等。

这个时候企业决定做股权激励，创始人首先要考虑如何提高员工积极性，稳定团队，提高业绩。明确了这个目的之后，自然也就能确定激励对象：公司核心高管和业务团队，将这部分人发展为合伙人或者给予虚拟股权等方式进行股权激励。

再比如有一家传统制造企业，公司建立20多年，老板马上要退休，但自己的儿女却无心经营企业，于是该老板决定实施股权激励，解决企业的传承和发展问题。那么这个激励对象就是职业经理人团队。

当然，也有些企业做股权激励是出于对市场的敏锐，通过股权激励获得企业的竞争力，获得高端合伙人等。

建立一个统一的股权激励对象标准

明确了股权激励的目的之后，我们还应该建立一个统一的股权激励对象的标准。

例如，下图中的标准（见图7－2）。

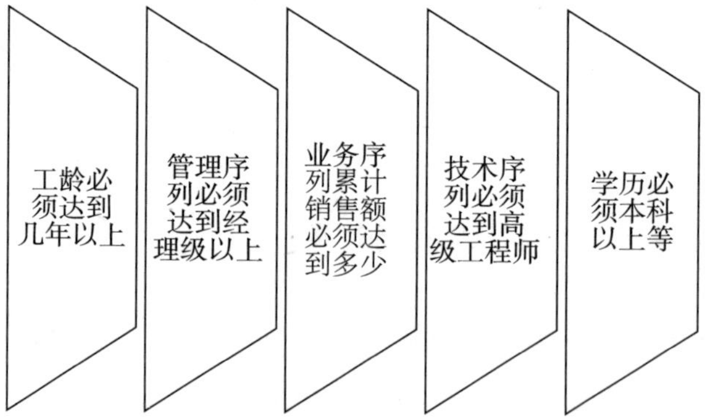

图7－2　股权激励对象的标准

这个标准不一定准确，但是制定了统一的标准，再来根据这个标准来选择激励对象就要容易得多，其他员工也比较服气。

当然，对于那些没有达到标准的也要给予机会，因为股权激励一般都是分多次多阶段的，是一个长期过程，不需要一步到位。

换句话说，如果股权激励一步到位了，拿到股份的员工也好、合伙人（潜在合伙人）也罢，都会十分开心。但是没拿到激励的员工就会很绝望，搞不好还会出现这样的现象：激励一部分，打击一部分。这一正一负，就等于没搞股权激励。甚至会适得其反。

当然，企业还应该依据自身的发展情况和所处的阶段来考虑激励的总体性。在这里，企业要考虑不同发展阶段激励对象的选择各有侧重，要以发展的眼光看待激励对象。

例如在初创期，股权激励对象要以业务团队为主；发展期，以核心高管、业务团队为主；成熟期，激励范围要扩大到非业务团队、企业的核心技术骨干以及外部的利益相关方（见图 7－3）。另外，我们做股权激励也不能仅仅局限于企业内部，还要考虑外部的利益相关方。

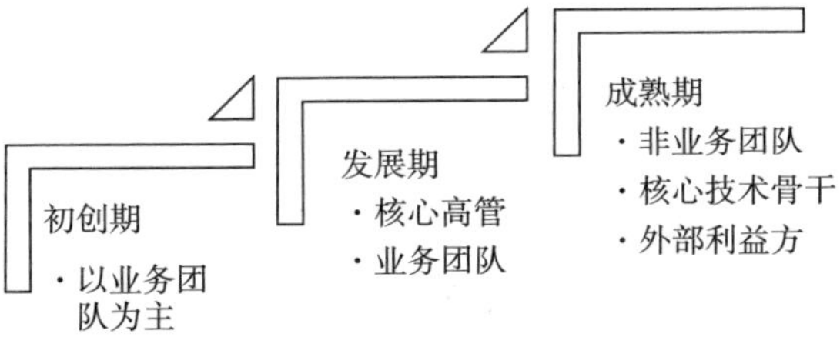

图 7－3　企业不同发展时期的股权激励对象

因此，企业在做股权激励的时候，要充分结合公司战略对组织结构进行梳理，根据战略需要增加一些部门和岗位。在做股权激励时也可对很多岗位进行股份预留，一旦岗位人才匹配到位了，达到股权激励标准了，就不需要再次增发股份，操作起来就会比较灵活。

另外，创始人还要搞清楚上市公司和非上市公司确定激励对象的不同。非上市公司在选择激励对象时比较灵活，没有太多限制，但上市公司中对于哪些人不能成为股权激励对象，证监会做了明确规定，比如独立董事、监事、最近3年内被交易所公开谴责或宣布为不适当人选的、最近3年内因重大违法违规行为被证监会予以行政处罚的，以及《公司法》规定的不得担任公司董事、监事、高级管理人员的，这些都不能成为股权激励对象。同时，激励对象不能同时参加两个或两个以上上市公司的股权激励计划。

明确合伙企业股权激励对象

我们针对合伙企业来看一下股权激励的对象（见图7－4）。

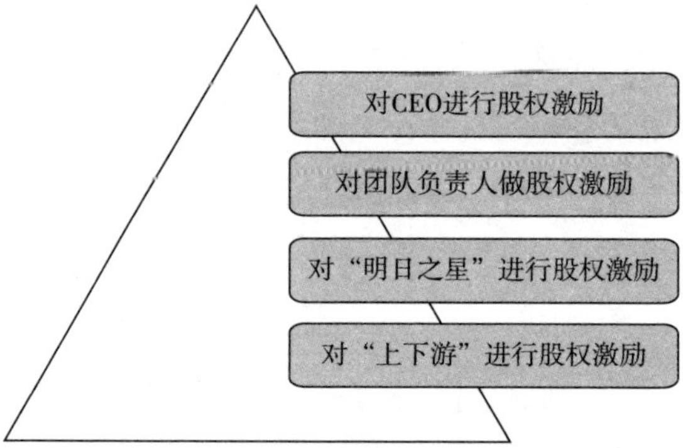

图7－4　合伙企业股权激励的对象

1. 对CEO进行股权激励

原则上，企业的CEO、总经理等人必须受到股权激励。那么，对CEO采取的激励方式是怎样的？一般来讲，CEO的收入构成，一是管理工资，二是在职分红。在职分红是面对管理者的，无论是不是股东，只要担任CEO，就可以获得在职分红。

还需要强调的一点是，即使你自己既是老板又是CEO，如果企业内部要进行股权激励，那么也必须要对自己做股权激励。

2. 对团队负责人做股权激励

对企业的业务团队负责人，也必须进行股权激励，特别是小企业。在这种激励中，企业家可采用虚拟股权的方式进行股权激励。换句话说，公司规模小的时候，风险由企业来承担，但是利润由大家共享。

对非业务团队的负责人，比如财务总监、研发总监、客服总监，可以采用虚拟股权进行激励。他们虽然不是公司的注册股东，但依然可以和老板享有同等的分红待遇。而且，不同部门的负责人，股权激励的额度可以不同，职务相同，但贡献如果不同，激励的额度也就不同。

3. 对“明日之星”进行股权激励

企业发展到一定规模，往往会出现大量的“明日之星”，这些人是企业发展未来的支柱。想要留住这些人才，必须要对其进行股权激励。也可以发展成为合伙人，那是对他们的最大认同。

4. 对“上下游”进行股权激励

合伙制企业还应该对企业的上下游进行股权激励。如果可以将这些人紧密捆绑在一起，就能形成一条产业链。你的同行只是这个产业链上的一个点，而你在经营整条产业链，那么也就等于掌握了话语权。

此外，我们不仅要激励上下游，还要激励其他部门的相关人员，如行政部门的相关人员，圈子以外的所有利益相关者等。如此一来，你的企业会形成一个点、线、面的结合体，整体力量也会日渐强大，在市场中自然会获得更强大的竞争力。

激励价格：股权激励的价格要清清白白

如何合理确定股价，是合伙制股权激励中最为关键的部分，同时也是各大企业进行股权激励的重点与难点所在。股权价格的制定和上市与非上市公司股权激励标的价格需要的方式、涉及要素也是完全不同的。

因此，合伙制企业想要在股权激励中做好，必须要把股权激励清清白白地制定出来。下面先来看一个依靠股权激励而重新“火”起来的案例：

“香锅年代”是一家创新餐饮店，将中式火锅和中餐混搭起来，成为各大都市的餐饮潮流。然而，这家连锁店在一开始创业时，并不容易。后来创始人依靠对空白市场的精准定位，创新了餐饮管理体制，敢于把自己的股权分出去，在几次经历谷底之后迅速崛起。

从 2006 年到 2009 年开始，“香锅年代”的增长幅度逐渐减少，创始人进行了多方面的改革，但真正见到成效的很少。这成为“香锅年代”发展的一个重要坎儿。

当时，在管理上，企业面临的问题有如下：

（1）员工执行力下降。

当时餐厅内的员工基本靠老板监督才能执行和落实工作，整体的作战能力受到了很大影响。这自然也大大影响到盈利能力。

（2）店长与老板不同步。

早期餐饮企业的文化就是老板文化，老板的魅力和执行力会在店面上进行传承和执行。“香锅年代”开设多家分店以后，实行的是店长负责制。但店长的能力水平、拓展速度却存在很大问题，他们并没有经过系统的培训或文化的熏陶，所以在很多节点上无法和老板保持一致，于是经营管理方面遇到了很多问题，导致关掉了很多分店。

面对这样的困境和局面，创始人对企业管理体制进行了一系列变革，包括承包责任制、自下而上的标准化以及向员工转股。在这里重点介绍一下向员工转股这种激励方法。

向员工转股：

“香锅年代”由最初实行的店长负责制，转变为店长让持股制。只有让他感觉是在为自己做事时才会有更负责的态度。同时“香锅年代”还吸纳了很多中层比较优秀的员工，也向他们转让店面的股份，获得店面的股份。

这些员工可以自己掏钱买股，持股份额根据职位不同，最高比例不超过10%，执行效果好的同时可以在公司效益好的时候获得分红。当然也有人存在疑虑，于是企业又推出了期权玩法。例如一个岗位认购5%，有钱的先给钱，没钱的，公司把会这部分的分红放在一个专属于他的期权池里，分红够股本的时候，股本就是你的。经过这种股权激励之后，员工的工作态度和精神状态有很大的转变，工作积极性一下子被激活了。

“香锅年代”的案例告诉每一个合伙制企业的老板，想要企业发展得牢固，员工工作起来更高效，需要股权激励的促进。而对于股权激励的价格，我们更要好好把握。下面来看一下如何确定股权激励的价格。当然了，在这方面上市公司和非上市公司在股权激励标的价格有一定的区别。

上市公司股权激励的价格确定

上市公司股权激励计划往往会涉及公众股东的利益，因此需要遵守以下相关法律的强制性规定。

1. 上市公司实施股票期权激励模式的行权价格

根据《上市公司股权激励管理办法》规定，上市公司授予激励对象股票期权时应当确定行权价格的确定办法，行权价格不得低于股票票面价格，且不得违背以下规定：

（1）股权激励计划草案公布前 1 个交易日的公司股票交易均价。

（2）股权激励计划草案公布前 20 个交易日、60 个交易日或者 120 个交易日的公司股票交易均价之一。

另外，上市公司采用其他方法来确定行权价格的，需要在股权激励计划中对定价依据以及定价方式做出说明和解释。

2. 上市公司授予激励对象限制性股票的价格

根据《上市公司股权激励管理办法》规定：上市公司在授予激励对象限制性股票时，应当确定授予价格或是授予价格的确定办法。授予价格不得低于股票票面金额，且不得违背下列规定：

（1）股权激励计划草案公布前 1 个交易日的公司股票交易均价的 50%。

（2）股权激励计划草案公布前 20 个交易日、60 个交易日或者 120 个交易日的公司股票交易均价之一的 50%。

另外，上市公司采用其他方法确定限制性股票授予价格的，需要在股权激励计划中对定价依据以及定价方式做出说明和解释。

非上市公司股权激励标的价格的确定

在具体的实操中，中国的非上市公司一般将股权激励授予价格确定为每股1元，而行权价的方式，就各有不同，通常情况下有以下四种（见图7-5）：

图7-5 非上市公司股权激励行权股权价格

（1）以市场评估为标准：公司可以参考同类企业，通过市场评估方法，确定本企业股权激励的行权价格。

（2）以净资产折扣价为标准：通常情况下，公司可以根据实际经营情况和资产情况，以注册额或者净资产为基础来选择合适的折扣标准确定行权价格。

（3）以评估净资产价值为标准：当公司出现注册资本与净资产相差较大时，每股股权激励标的行权价格应当设定为经过评估的每股净资产值。

（4）以注册资金为标准：如果公司的注册资金与净资产相等或者相差不大时，每股股权激励的标的行权价格直接可以设定为1元。

根据上市公司和非上市公司的股权激励价格，公司就可以制定出对员工和合伙人的股权激励价格标准，这样才能够让合伙制更加稳固。

激励数量：搞清楚股权激励的总量和个量

要实施股权激励计划，就必须确定激励的额度，也就是企业要给激励对象多少股份，每个激励对象又给多少，这就是股权激励总量和个量问题。

确定股权激励的总量

确定股权激励总额时需要考虑下列几个因素（见图7－6）：

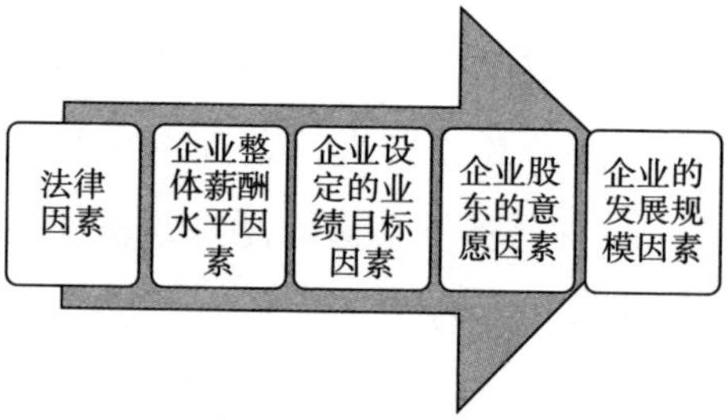

图7－6 确定股权激励总额时需要考虑的因素

1. 法律因素

上市企业在制定股权激励的总额度时，须考虑相关法律规定；非上市企业的股权激励总额度，法律并没有强制性规定，企业可根据自身情况自由设计。

2016 年 8 月 13 日起实施的《上市公司股权激励管理法》中第十四条是这样规定的："上市公司可以同时实行多期股权激励计划。同时实行多期股权激励计划的，各期激励计划设立的公司业绩指标应当保持可比性，后期激励计划的公司业绩指标低于前期激励计划的，上市公司应当充分说明其原因与合理性。上市公司全部在有效期内的股权激励计划所涉及的标的股票总数累计不得超过公司股本总额的 10%。非经股东大会特别决议批准，任何一名激励对象通过全部有效的股权激励计划获授的本公司股票，累计不得超过公司股本总额的 1%。"

例如，海尔在 2014 年发布的第四期股权激励计划，拟授予激励对象 5456 万份股权，约占当时企业股本总额的 2.01%。由此可见，企业的股权激励总额未超过法律规定的 10%。

2. 企业整体薪酬水平因素

企业在确定股权激励总额度时，需要考虑自身的整体薪酬水平。如果比同行业高，则激励总量可以少一些，反之亦然。

以阿里巴巴的薪水水平为例，如果按传统的工资计算方式，阿里的薪酬水平属于行业偏低，因此它给予员工的股权总量就比其他企业高。如此，通过所得收益加上公司薪酬与福利，阿里的员工的最终收入就超过了行业平均水平。

3. 企业设定的业绩目标因素

确定股权激励总额度时，还需要考虑公司所设定的业绩目标的难易程度。如果业绩目标高，达成的年度目标较大，需要激励对象付出更多的努力，那么就要加大股权激励总额度，反之亦然。

4. 企业股东的意愿因素

股权激励涉及企业现有股东的权利，因此，激励总额度的大小与股东意愿有着必然的联系。如果股东让得多，股权总额就会大一些，反之亦然。

例如，截止到2017年，华为公司已经实行了四次股权激励，大部分股权都分给了员工，创始人任正非只保留了1.4%。华为的股权激励制度之所以能享誉业界，与股东的分享精神分不开，股东愿意让渡，华为的股权激励才能为华为留下顶尖的研发与管理人才。

5. 企业的发展规模因素

如果企业的规模较大，发展阶段较高，股权激励的总量可以小一些。因为当企业发展到一定规模与阶段时，盈利稳定、营收体量大。虽然股份少，但是获得的收益并不少。否则会适得其反。

确定单个激励对象的个量

股权激励是针对具体的人而执行的，因为每个激励对象都有其自身的特点，所以企业给予每个人的股权激励也是不同的。那么企业该如何确定单个激励对象的额度呢？需要考虑以下几个因素（见图7-7）：

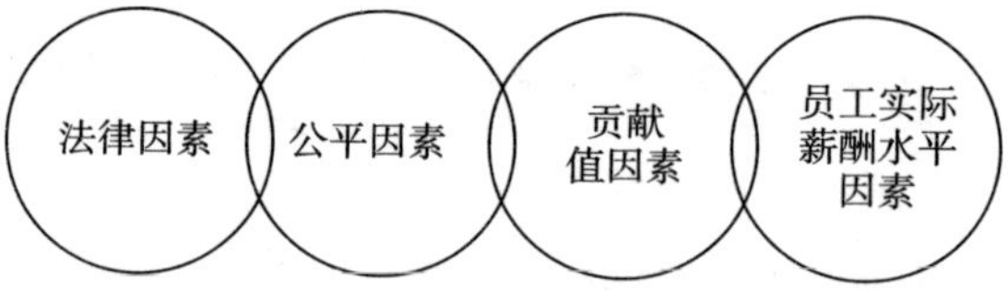

图7-7 企业确定单个激励对象个量时考虑的因素

第一，法律因素。上市公司在确定单个激励对象的激励额度时，也需符合有关法律法规的强制性规定。对非上市公司，法律并没有明确规定额度，企业可根据实际情况进行设定。

第二，公平因素。需合理分配高层管理人员、中层管理人员、核心技术骨干所占股权份额的比例，体现公平公正原则。高管所占比例不能过高，避免让其他激励对象产生不公平感。

第三，贡献值因素。在授予对方股权激励额度时，需要按照激励对象对企业的贡献度大小与重要性来确定股权额度，这样才能体现出区别性。

第四，员工实际薪酬水平因素。单个股权激励对象的额度一般都是根据其实际能力、对企业的重要性程度来确定。因此，激励额度也需要与其薪酬水平相适应，避免出现薪酬倒挂现象。

进入机制：激励对象如何持股

毫无疑问，合伙人是公司最大的贡献者，也是最主要参与分配股权的人。众所周知，合伙关系是一个长期的深度绑定。合伙之后，合伙人之间必须团结在一起商量决策。公司赚的每一分钱，不管是否和合伙人有直接相关，大家都需要按照事先约定好的股权比例进行分配。

我们以小米为例，先来说一下小米针对合伙人股权激励进入机制的做法。

很多人都知道，小米有个“土鳖与海龟”混搭的豪华合伙人团队。因此，不免就有人想知道小米的股权激励到底是如何分配的。

首先，小米在商业上的成就是多方面的原因，合伙人股权架构肯定只是其中一个方面；其次，小米有它的不可复制性，尤其是小米背后的理念与思路，我们可以借鉴。

小米合伙人团队的股权激励的进入流程如下：

（1）合伙人之间经历磨合期；

（2）合伙人围绕小米的“铁人三项”核心业务“软件、硬件与互联网服务”分布；

（3）合伙人在小米早期只参与创业，但不领工资或只领低工资；

（4）合伙人真金白银掏钱买股份，团队内部 56 名早期员工就投资了 1100 多万美元。

在小米的这个股权激励流程中我们可以得到这样的启发：

（1）股权分配背后对应的是如何搭班子。先找到对的合伙人，然后进行股权配置。

（2）合伙人之间要在具体事情上经过一个磨合期；

（3）给既有创业能力，又有创业心态的合伙人发放股权。

下面来具体说一下股权激励如何进入持股模式。

激励对象直接持股

这是一种对股权激励对象十分有保障的进入机制。在法律上也有明确的保障，对激励对象来说，也是最受欢迎的进入机制。但是对企业来说，用这种形式就意味着公司丧失了对员工的部分控制权，很容易影响到整个企业团队的稳定性。也正是因为如此，掌握着股权架构设计主动权的企业通常都不会选择这种模式。

激励对象间接持股

虽然是“间接”持股，但是却与上述的直接持股相似。企业会设置一个专门的平台作为员工持股的载体，这种基本形式就是有限公司。原企业的大股东同样作为大股东存在于此有限公司内，掌握有限公司的话语权。而原公司也能通过这种方式控制整个员工持股平台。

作为员工持股平台，除了有限公司之外，还有一种表现形式，那就是有限合伙模式。根据这种方式就分成了间接持股的两种模式。

有限公司和有限合伙公司的持股模式虽然很相似，但也有一定的区别，主要在于持股平台的控制权与税负方面。

1. 持股平台的控制权

在有限公司中大股东可以凭借其持股比例来控制有限公司，因此，只要他们持有的股份达到一定高的比例，就能有绝对的控制权，进而控制整个持股平台。

而有限合伙则不一样，这是一种特殊性的模式，合伙人分为普通合伙人和有限合伙人。普通合伙人负责企业的经营管理，有限合伙人不参与管理。因此，在有限合伙形式的员工持股平台中，无论普通合伙人持股多少，也能对有限合伙平台行使表决权。

2. 税负

对有限公司来说，税务可分为企业所得税和个人所得税。如果有限公司是原企业的分红，当原企业进行分红时，有限公司不需要再交所得税，而员工持股平台在向员工分红时，则必须要缴纳20%的个人所得税。

股份转让则不同于分红，员工持股平台的表现形式是有限公司时，转让股份需要缴纳两重税，第一是公司溢价的企业所得税；第二是员工分红时缴的个人所得税。

而平台的表现形式为有限合伙时，转让股份则要稍微复杂，纳税层面仅在合伙人层面上，其本身不需要纳税，只是转让和增值的额度有所不同。当然了，在实际情况中，还要根据额度来具体选择。

股权绑定

创业公司股权真实的价值是指所有合伙人与公司长期绑定，通过长期服务公司，赚取股权的形式。换言之，股权按照创始团队成员在公司工作的年数，达成逐步兑现。

因此，股份绑定期最好为4~5年，任何人都必须在公司满1（企业可以规定一个年限）年以上，才可持有股份（包括创始人），然后逐年兑现一定比例的股份。缺少了这个“股份绑定”，无论你给对方多少股权，都不会太靠谱。

运行机制：股权激励需要计划和调整

公司股权激励计划实施后，在这个过程中还会有大量股权管理的工作，涉及人力资源、薪酬分配、业绩目标制定、考核等大量日常工作，因此，很多企业专门设立股权管理机构，以此来实施股权管理日常工作。

举个例子，为增加对股权激励对象的约束，实际控制人配送股权，需要由实际控制人与激励对象签订《公司股权期权协议书》，规定配送的股份只有分红权，并且必须在服务一定年限或完成一定工作业绩后，方可正式办理行权手续，在行权前仍由实际控制人保留所有权。

此外，还应该为出资者或拥有股权者发放《股权登记证书》。

事实上，企业在股权激励计划实施中，也难免会出现一些调整和变更，针对运行中的股权激励机制，我们应该如何应对呢？

通过星巴克的例子，相信你会有所启发。

股票投资计划	
定人	被星巴克雇用90日以上，且每周工作时间不少于20小时，达到一定考核条件的员工
定量	每个员工的申购金限额为其基础薪酬的1%～10%

续表

股票投资计划	
定价	每个季度结束之后，取该季度第一个和最后一个工作日中星巴克股票收盘价最低值的 85%
定时	按季度实施
咖啡豆期权计划	
定人	在授予日前一财政年度的 4 月 1 日已经受雇于星巴克或者前一财政年度连续工作不少于 500 个小时；担任主管（不含）以下职务的员工
定量	限制性股票单元总金额除以授予日星巴克股票的收盘价格； 限制性股票单元总金额通常是基本拿工资的 10% ~14%
定价	授予日星巴克股票的收盘价格。
定时	按财政年度实施；授予后分 2 年按 50%、50% 兑现
股票期权奖励	
定人	董事会决定给予符合条件的关键人员
定量	由当年经营状况及收益率、个人基础薪酬、股票预购价格或公司允诺价格确定
定价	根据股票预购价格或者公司允诺价格的 85% 确定
定时	按财政年度实施；授予后等待期为 5 年

在星巴克，员工被称为“合伙人”，而不是通常意义上的员工。当然，之所以被称为“合伙人”，很重要的一点是星巴克实施了惠及面较广的多层次股权激励计划。

从上表中可以看出，对于主管以下的一般普通员工均可满足一定工作时间后参与“咖啡豆期权计划”，这一计划是星巴克最早在 1991 年向雇员推出，于 2006 年开始在大中华区开始实施。对于股票投资计划，主要是针对愿意以抵扣薪酬方式购入星巴克股票的员工，可以在满足条件后在特定时间内加入股票投资计划，这一计划基本上也面向全员实施。

此外，星巴克还有专门针对中高层管理人员等关键员工的“关键员工期权计划”与“股票期权奖励”，主要面向优秀的关键人员。

在股权激励中，星巴克一直在不断运营和变更，目的就是更好地满足合伙人的需求，更好地将企业发展壮大。

星巴克的股权激励也被称为是“一揽子”股权激励。当然，若仅仅用一揽子股权激励计划，并不能形成一个完善的合伙人模式、合伙人文化。还需要对员工长期不断地关心。星巴克自从创立，就不断琢磨如何对员工进行激励，高度保持一种关注员工、投资于员工、始终把员工放在首位的管理风格，涉及一揽子股权激励计划是星巴克管理哲学的一种重要落地方式。

这也充分说明，股权激励计划并未一蹴而就，其间可能会出现更多的计划和变更，企业只要仅仅抓牢员工、合伙人的利益，最后结合自己企业特有的倡导理念，就能形成一种合伙人股权激励文化。

股权激励计划促使员工持有公司股份，通过激励约束机制使公司利益、员工利益、股东利益协同，完善了员工的全面薪酬体系，使员工能够关注到公司整体价值。然而，要想让员工真正以合伙人的身份去对待自己的工作，还需要体现公司将人力资本与货币资本放到一个高度，在股权激励计划的基础上形成公司的常态化合伙人文化。尤其是对股权激励的范围和力度以及业绩目标设定各方面需要更严格的要求。

（1）股权激励范围和力度。

经营业绩股份的激励范围通常是有业绩目标的高级管理人员，通常公司对高管的利益分配是年薪制，但年薪制必须与经营目标挂钩，在超额完成经营目标的前提下，才能作为年薪制的一种补充分配方式，可以延缓公司现金分配不足，也可以通过此方案，逐步提高高管层的持股比例，稳定高管队伍。

（2）业绩目标的设定。

业绩目标是约束股权激励对象的一种重要条件，公司应当建立绩效考核体系和考核办法。企业要根据企业当前的规模和销售额情况做出业绩目标的调整和变动，这样才能让员工和合伙人更有压力。

退出机制：拿出一个股权激励计划的约束力

合伙公司在发展过程中总能遇到核心人员的变动，尤其是已经持有公司股权的合伙人退出团队。合伙人一旦退出企业，手中的股权就会演变成影响公司正常运营的不安因素。因此，我们需要做好股权退出机制。那么如何处理合伙人手里的股份，才能免因合伙人股权问题影响公司正常经营呢?

下面我们总结出四个方法，见图 7 –8。

股权退出
- 事先制定退出机制
- 明确股权回购方式
- 设定高额违约金
- 释疑

图 7 –8　股权退出的机制

事先制定退出机制

提前约定退出机制，管理好合伙人预期。企业必须提前设定好股权退出机制，约定好退出时间和退股形式。创业公司的股权价值是所有合伙人长期服务于公司赚取的，当合伙人退出公司后，其所持的股权理应按照一定形式退出。这样做的目的一方面更加公平，另一方面也便于公司的持续稳定发展。

当然，也有很多合伙人退出时，不会暂时收回他的股权，而是循序渐进地收回，特别是当合伙人是创始人的亲戚或者朋友时，一般会采取迟缓的退出方案。

为了给其他的合伙人一个合理公平的交代，企业最好事先做好股权退出机制。在这里，不一一赘述，在第四章合伙原则中，我们曾详细讲过退出的原则。

明确股权回购方式

在上述第一条中有了退出机制，那么当合伙人中途退出时，就可以按照之前的规则来进行股权溢价回购。

退出的合伙人的股权回购方式只能通过提前约定方式退出，退出时公司可按照当时公司的估值对其股权进行回购，回购价格可以按照当时公司估值的价格适当溢价。

设定高额违约金

很多合伙人离开企业，但是却未必能按期退回股权。为防止合伙人退出公司时不同意公司回购股权，可在股东协议中设定高额的违约金条款。

释疑

有些人会问，合伙人股权分期成熟与离职回购股权的退出机制，是不是可以写进公司章程？工商局通常会要求企业制定章程模板，股权退出机制很难直接写进公司章程。但合伙人之间可以另行签订协议，约定股权的退出机制。

公司章程与股东协议尽量不要发生冲突，如果公司章程与股东协议相冲突时，应当以股东协议为准。

股权退出需要注意的问题

1. 股权回购坚持“一原则、一方法”

上述说到股权退出时，我们需要对合伙人的股权进行回购，实际上这等于“买断”，建议公司创始人考虑“一原则，一方法”，见图7－9。

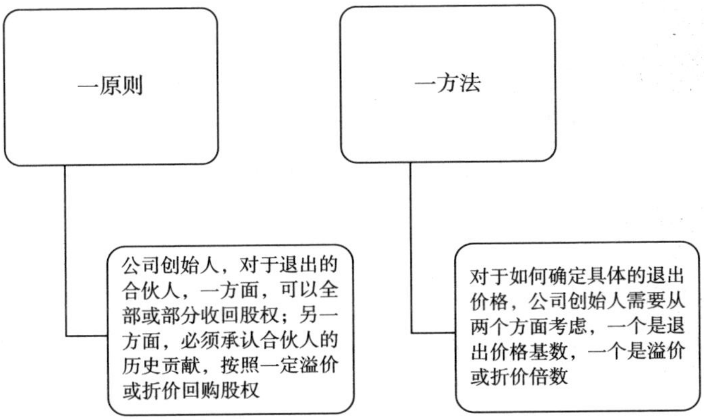

图7－9　一原则和一方法

比如，可以考虑按照合伙人掏钱买股权的购买价格的一定溢价回购，或退出合伙人按照其持股比例可参与分配公司净资产或净利润的一定溢价，也可以按照公司最新一轮融资估值的一定折扣价回购。

至于选取哪个退出价格基数，不同商业模式的公司会存在一定的差异。例如，京东上市时估值约300亿美元，但公司资产负债表并好。很多互联网新经济企业也都有类似情形。

因此，一方面，如果按照合伙人退出时可参与分配公司净利润的一定溢价回购，合伙人很可能会落得“打拼多年却净身出户”的下场；另一方面，如果按照公司最新一轮融资估值的价格回购，公司又会面临很大的现金流压力。

因此，对于具体回购价格的确定，需要根据公司具体商业模式来灵活调整。

2. 合伙人离婚，股权退出应该如何处理

当然这一点是针对夫妻二人同对企业持有股权的情况，那么在这种情况下，如果合伙人离婚，股权应该如何处理?

近年来，随着离婚率的不断上升，婚后财产的处理，包括股权，都成为了十分棘手的问题。离婚事件，会直接影响到创始人企业的发展时机，婚姻还很可能会导致公司实际控制人发生变更。

原则上，婚姻期间财产是夫妻双方共同财产，但是夫妻双方可以另外约定财产归属。因此，配偶之间可以在自愿协商的基础上制定并签署相关条款和约定。

激励考核：打造股权激励考核体系

在一个股权激励项目中，公司老板提出实施股权激励项目的同时，更要建立绩效考核体系，如果只有激励没有绩效考核，公司会很容易失控。

在企业的管理中，股权激励好比胡萝卜，绩效考核就是大棒。给激励的同时也要给压力、鞭策，这样的企业才会走得更快更稳。公司达到一定规模之后，就会有比较系统客观的激励考核。

下面我们以一个企业为例，说一下股权激励考核的流程。

激励考核方案

首先，我们以一个较大企业或者集团（具有子公司）为例，来了解一下公司的股权激励对象：

（1）子公司的高级管理人员（获得子公司的股份）。

（2）事业部以及总部管理的关键高端人才（获得总部股份）。

（3）外部管理人员（外部合伙人，获得单开公司或者总部的股份）。

该企业的战略性决策中，确定出让股份比例，然后对任职的岗位进行相关考核，明显实行的是对岗不对人，同时，考核指标基本确定为 10 个，随后进行在职股与注册股的激励。其中在职股向注册股过渡，需要进行考核。

其次，来看一下股权激励方案：

（1）以企业本部为主体，进行股权激励。

假设公司总股份为10万股、总资产为1000万，每股为100元；

按照不同的职位，进行初步设定股权，如企业的CEO为1000股、子公司拿到公司1000股、总部管理高端人才为总部200股；

第一轮股权改革后，进行融资，融资之后，方可进行第二轮股权改革。

（2）子公司股权激励。如给子公司的副总5%的在职股份激励、总经理5%注册股份。但是需要有一定的考核，如业绩连续达到增持股份条件的子公司，总经理最高可持10%注册股，依然按10个考核指标法进行考核。

（3）以实业公司（控股公司）为主体，进行股权激励，公司可以最高给予22%的股权激励，其中技术工程师及副总以上级别即可获得在职奖励股，最低股为1股、最高股为5股。个人增持股，最高股为10股，按10个指标考核。

（4）对企业的核心行业专家进行股权激励，企业拿出专利股最高为20%。每个具体专家资源，需进行在职股与注册股考评。

（5）对于子公司的总经理，到总部任职的，可以以股换股，不少于1：5，换句话说，用5股换1股的比价或根据公司的既定规则来执行。换股时，仍然按股数对各岗位进行考核，达标后方进行在职股与注册股激励。

（6）在职股、注册股，均需要激励考核，考核方式均为10个考核条件。

下面是该企业的10个激励考核：

总配股数		配股时间	
享受分红股			
指标	要求	达到标准的人员	
价值观	职业文化程度要搞，并要与企业价值观保持一致		
级别	必须要达到某级别以上（通常至少是副总级别以上）		
工龄	在企业服务的年限		
业绩	业绩需要达到岗位目标要求		
品行	管理满意度要高		
纪律	遵守公司纪律和规章		
成长	进步要快速		
人才	培养人才的数量		
比例	奖励的股数		
费用	是否有出资		

激励的是股肱之臣，考核的是全员

马云曾说过：“员工离职的原因不外乎两种：一，钱没给到位；二，心委屈了。”

其实马云的话归根到底就一点：员工在公司干得不爽。作为企业老板，对于股肱之臣要按照马云的说法办，让核心骨干团队干得爽，显然要用胡萝卜而不是大棒。

正因为股肱之臣的工作不太容易量化，所以对于他们的考核指标尽量要设得简单而直接。如技术研发部门可以用研发成果作指标；管理部门、战略部门可以用业绩作指标；财务部门可以用前线部门给财务部门打分作指标。切忌在股权激励中设置太多无关指标。

所以，股权激励针对的是公司股肱之臣、核心骨干，要把公司的一部分分给他们让他们为公司继续服务；详细的绩效考核则针对的是公司全员，用数字督促他们。这是公司管理、治理中不同的工具。

第八章

合伙风险

将合伙人最关心的问题找出来

合伙创业有机遇也有风险，这是必然存在的。很多人就是因为没有把控好风险，而在合伙的道路上失去了控制。事实上，合伙企业可以控制风险，这需要充分利用合伙制的优势与合伙人的智慧来做好万全的风险控制。

风险预估不足，可能是合伙协议出了问题

在合伙企业的设立中，无论你的合伙人是谁，出资多少，负什么责任，都应该按规矩办事，即签订合伙协议。这也是保障合伙人权益和企业利益的大前提。

然而，依然有很多合伙企业忽视合伙协议，由于合伙人一开始都互相比较信任，加上企业在创业之初对企业前期都抱有很好的期望，对风险估计也明显不足，有的合伙企业甚至没有书面上的协议，只是有停留在口头上的约定。这样一来，就很容易出现纠纷和风险。

事实上，企业既然进行合伙经营，就应该对风险有一个初步估计。做企业不能只想到好的预期，不考虑风险。只有预料到可能发生的风险，在合伙协议上表现出来，才能让合伙企业更好地经营下去。

合伙协议是必要前提

合伙制的设立是为了能够让企业更加长远地发展，但与之相随的也存在各种各样的风险。

在复杂多变的环境下，公司的经营状况会受到诸多因素影响，比如合

伙人的管理能力、财力、公司财务状况、市场前景、行业竞争等，这些都可能会导致企业的盈利发生变化，承担较大的风险。因此，合伙之前非常有必要签订合伙协议。

举个例子，李先生跟两个朋友甲与乙合伙成立一家新公司，因为李先生有自己的工作，导致他无法抽身在新公司任职，所以他只是以投资人的身份出现在合伙企业中。

另外的两名合伙人中甲是李先生的大学同学，两人关系很好；乙是李先生的好朋友，关系也非常紧密，但是甲乙两人并不相识。

在这个关系中，每个人都具有自己的优势和特长。甲在市场方面有很强的能力，所以在新公司中，甲负责市场开发事务，但甲不懂技术；而乙对技术方面有很好的把关，于是他负责技术层面的事项。从这里可以看出，甲、乙两人分工十分明确，彼此互补。

这家合伙企业根据这种分工来发展，看上去非常好，但此时有人就提醒李先生一定要做好风险提防。因为李先生只是出资人，平常并不在公司任职，也就不能很好地掌控公司日常经营状况。如果甲、乙两人联手，很可能会轻松架空李先生，并完全将李先生排挤出公司。

李先生虽然不愿意去相信发生这种情况，但是在理论上又无法排除这种可能性。于是，李先生找到了风险预估师，对这家合伙企业做出了风险预估，并拟订了一份合伙人协议。

李先生拿着这份协议找到了甲、乙二人，表明了情况，甲、乙二人也对风险预估有所观察，于是三人敲定细节之后，顺利签订了合伙协议，在合伙协议中清楚明确了三人应该负责的事务、股权以及应当承担的风险。

任何事情都有两面性，有利就有弊。只要在前期大家把合伙协议写清楚，相互制约好，那么面对风险的时候，也能从容应对。因此，在合伙前，一定要把一些可以预料的事情事先预估好，然后签订合伙协议。而且签订协议书必须是合伙制企业的必要条件和前提。

提前估计风险

合伙企业绝对不能只想到好的预期，还要想到风险。合伙企业需要提前预估到企业面临的风险，然后做出防备，做到企业对外部力量有所防备，内部合伙人也要有心理准备。只有这样，风险真正来临时，合伙人才不会畏惧，也才能从容面对。

当然，这个风险预估不仅仅是关于合伙人利益的预估，还应该是对整个企业发展的预估，比如企业的新品预售、企业的经营策略、企业的市场调查等等。

OPPO 手机在 2017 年推出了 OPPO R11 手机，这款手机的特性是专注于年轻人的美颜自拍功能。该手机一经上市便非常畅销。甚至出现了预售火爆、断货现象。不少 OPPO 员工为了让更多好友买到这款手机，于是频繁“被走后门”。

作为一个有外在投资合伙的企业，OPPO 在这款手机上的预测是良好的。问世之前就曾经调查过大量年轻用户，发现自拍在手机市场中的火热趋势，同时也大力调查同业竞争企业的情况。在专业团队的带领下，OPPO 做足了风险评估。

OPPO 一步一步走过来，像 R11 出现这种现象也比比皆是。但是，OPPO 手机并没有以此而感到前途顺利。OPPO 始终认为依然有风险，尤其在品牌、零售和渠道等方面与苹果、三星还有很大差距。正因为如此，OPPO 在每一次的创新和发展中，才卯足精神，争取做到最好。因此，合伙企业在发展途中，一定要提前做足风险估计，

如何避免创始人被“架空”

从资本的视角来看，公司就是一个大商品，如果强强合并，能给这个“商品”带来无限的空间，可以促进市值飙升，并影响投资市场对公司的控制。

企业的并购重组及创始人去留的问题，尤其是在互联网行业中，如同影视剧一样，随时上演。

在“并购”的剧情中最吸引大众眼球的当属赶集网和58同城的合并。

合并后的新赶集网方面宣布，旗下的二手车直卖网——“瓜子二手车”完成分拆，在经济上和法律上变成了一家独立的公司，原赶集网创始人杨浩涌卸任联席CEO职务，专门负责“瓜子二手车”业务。

两家公司的合并，其实如同一场婚姻。但是，结婚不单是两个人的结合，而是两个家庭的结合。类似的是，公司并购也不仅仅是两位创始人的结合，而是两家公司的结合。根据美国一家数据公司统计，公司并购成功率最多仅为30%，而强强合并失败的案例更是数不胜数。那么，既然那么难，为何还会频发强强之间的合并呢？

事实上很多人认为企业强强联合，成为合伙企业，会对企业的发展壮大都有很好的帮助。如果强强合并导致企业发展顺利，当然皆大欢喜。但是一旦不顺利，合伙人之间的利益争夺就成为了重头戏。

因此，企业必须要避免合并之后创始人被架空，企业出现分崩离析的局面（见图8-1）。

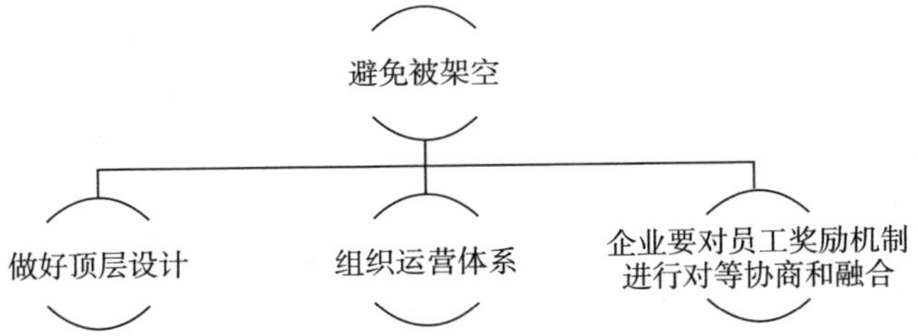

图8-1　企业避免被架空的方法

第一，做好顶层设计。

顶层设计是企业管理层必须考虑的一大命题，这也是所有公司并购或合并都必须优先考虑的问题。然而，顶层设计不仅仅是股权架构与机制的设计，更重要的是决策团队的设计。

第二，组织运营体系。

每个企业内部的运营指挥系统都各不相同，即便是同行、同规模也不例外。因此，企业在合并、合伙之前，双方有必要先解决彼此的组织运营体系的冲突，以及合并、合伙后的公司需要运用何种运营指挥体系开展日常运作，以避免日后分歧。

第三，企业要对员工奖励机制进行对等协商和融合。

每一个企业和创始人认为的激励机制也必然存在差异，企业合并、合伙之前，双方必须要对员工的奖励机制进行对等协商和融合。此外，不同公司之间的文化传承，奖励机制的调整，这些很可能会带来员工的极度不适应。在很多合伙制发生变动后，常听见公司员工会抱怨现有机制不如原来的好。

从企业创始人角度而言，赶集网和大众点评的创始人杨浩涌与张涛的商业智慧其实是很高的，但是在股权控制上却仍然失去主动权。

其实，对于从一开始就缺钱、缺资源的互联网创业公司来说，在企业的发展过程中，尤其是经历过无数的融资之后，创始人的股权很容易被稀释。其间，公司的控制权已逐步让渡给了资本，而资本一定会严密监控公司的运营安全，甚至在某一个阶段要求资本回报。

合伙企业一旦处理不好顶层股权设计等架构方面的问题，合伙带来的就不都是喝彩，还会损害公司长期发展。因此，对合并、合伙后的管理权力分配，双方需要达成一致。

克服店铺合伙五大问题

有这样一句话叫作“财聚人散，财散人聚”。前面半句话是对的，财聚了，人就散了；但是后半句，未必对了，财散了，人未必会聚。企业想搞合伙制，把钱分出去，结果却是两败俱伤，这样的情况也时有发生。

原因是什么？是因为你的合伙制不科学合理，让企业、股东和员工多方出现利益不公。尤其是一些店铺合伙制，更是因为不科学地导入合伙制，而造成了财散人散的局面。那么如何才能克服合伙店铺的问题呢？下面我们列出了五个合伙制中常见的风险问题。

平均主义让合伙人（员工）抱怨不断

某老板自己有 10 家店铺，随着店铺越来越多，该老板决定做合伙制，一来可以让自己在管理上更加省心，二来可以让员工上心经营，获得更多股权激励。当然不是每家店铺的投资回报率都相等，也不可能每家店铺的业绩都相同。结果是，业绩最好的 5 家店铺员工抢着做，另外的 5 个店铺则没人要。

因为合伙的制度已经决定，该老板只好接受，甚至他认为大不了盈利好的5家店铺可以分钱出去给另外5家店铺的合伙人。

然而，结果并没有这位老板想象的那么简单，一年半之后，前5家盈利店铺的合伙人投了钱，而且本身基础就好，所以业绩提升得更快，年底分红的时候，这5家店的合伙人都分到很多钱。虽然老板在这5家店铺里因为业绩提升也增加了个人的利润，但另外5家店的合伙员工却觉得十分不公平，他们辞职了。他们认为，不是自己不努力，是自己的店铺本来就没那么好，这样就很不公平。而其实在过去一年半时间里，那5家合伙的店铺老板根本无需操心，另外的5家店铺出现抱怨、离职等各种现象，反而让老板操碎了心……

在这里，我们建议，在股权激励方面的设计要根据店铺的投资回报率来评估店铺价值及确定店铺利润核算方式。

拉帮结派，政治斗争

在合伙制企业中，一样会存在拉帮结派的政治斗争。

有这样一位店铺老板吴女士（母婴店老板），在自己的店铺里导入合伙制，合伙的对象是该店的店长和销售冠军。吴女士认为，这两位员工成为合伙人，店铺应该会非常稳定发展了。然而，事实并非如此。

原本这家店里有5位员工，关系都很好。但是突然店长和销售冠军成为了“合伙老板”，其他3位员工便在内心产生了隔阂，甚至开始明争暗斗。这让整个合伙团队和吴女士本人需要花很大的精力去解决这类无聊的“政治斗争”。

因此，在这方面，我们建议合伙制企业创始人对合伙成员的招纳有一个明确的进入机制，此外在晋升机制及团队凝聚力方面也要有系统的体现。

只为当下而设计机制，将会产生后遗症

刘先生有 10 家店铺，其中有 3 家店铺的年销售额都在 100 万元左右，此时处于保本线上下，可以说基本不赚钱。这 3 家店铺合同眼看就要到期，刘先生想要放弃。但是转念一想，自己经营多年，如果引入合伙人，盈利的话，就算把利润都分了也是值得的。于是他决定再次赌一把。刘先生叫来这 3 家店铺的店长，问他们愿不愿意成为合伙人，结果 3 位店长都非常愿意合伙。

结果非常好，合伙制一经执行，3 家店铺的业绩都上升很快，都做到了 200 万元左右的业绩。然而，过了 3 年以后，刘先生却十分焦虑。因为剩下的 7 家店铺在 3 年前就能做 200 万元的业绩，但是这 7 位店长却纷纷要离职。因为他们不是合伙人，没有分红，没有经营权，他们觉得十分不公平。

刘先生当初只是为了那 3 家濒临死亡的店铺而考虑引入合伙机制，当时并没想到未来，更没想到会有今天这样的局面。

机制设计建议：一定要考虑所有店铺之间的分配平衡、关系平衡。

分钱不均

张先生的企业导入合伙制有一年时间了，在年底的年会上，张先生拿出了现金给所有的合伙人进行分红，这些店铺员工拿到了从几千元到几万元不等的分红。张先生自认为自己做得非常成功，一方面店铺业绩和利润都得到了提升，另一方面员工（合伙人）也得到了更多的利益。

但是却仍然有人不开心，张先生不明白为什么以前没有钱分的时候，大家在年会上反而其乐融融，现在分了钱很多人却抱怨不断？后来，张先生了解到，原来是有人觉得分钱不均。

在这里，我们要建议店铺合伙人在设计合伙机制时一定要让合伙人明晰分配机制，同时还要完善财务系统。

离职之后成为企业的竞争对手

马小姐是5家化妆品连锁零售商的老板，这些店铺的销售业绩都非常好。看到员工们都很努力，于是她想要扩张自己的项目，想去其他城市发展，开始导入合伙制，希望原有的店铺不需要耗费自己的精力，另一方面也希望培养合伙人去异地开发新店铺。

然而，合伙两年过后，其中一个店铺的店长和一名常年销售冠军一起提出了离职。离职过后，二人在同一条街上也开了一家化妆品店。不但如此，由于过去两年马小姐的放手，这些合伙人在店铺销售管理中占了主导地位，顾客都非常认他们。因此，老顾客都跟随了他们的新店铺。马小姐原本想要成就员工，却没想到养大了老虎反咬自己一口。

在这里，我们建议，合伙制的设计一定要考虑得长远，要有明确的晋升通道设计，更要有明确的退出机制。

合伙人应该知道的股权代持风险

随着创业企业的不断增多，合伙企业也越来越频繁出现，再加上远期融资、规避业务限制等原因，更多公司创始人在股权设置时实行股权代持方式。但是，“股权代持”并非想象中的那么有效，实际上，“股权代持”也存在很多隐患和“雷区”。

以激励核心成员为目的的股权代持

越来越多的公司创始人想通过授予股权方式激励和留住公司核心高层成员，但是却又担心直接授予员工股权会改变公司股权结构，从而影响公司未来的融资。在这种情况下，创始人一般会通过与这部分核心成员签订股权代持协议的方式间接向其授予公司股权。这样做，股权仍登记在创始人名下，而企业的核心人才就成为了公司的隐名股东，通过股权增加，核心人才与公司之间更加紧密，这样会在很大程度上避免股权结构的分散。

此类股权代持的方式看似十分安全，能够保持公司股权结构稳定，但却存在核心成员要求显名的可能，反而会很容易出现公司股权不稳定的风险。

首先，根据《公司法》及其司法解释的规定，隐名股东可以要求显名并载于股东名册和工商登记资料中。

其次，在隐名股东请求显名时，除要求其他股东同意外，法律也并未具体设定隐名股东要求显名的限制条件。

因此，核心成员可依据代持协议要求成为公司的显名股东，而显名主张极有可能会导致公司股权结构变化，甚至还会破坏股权结构的稳定性。这就与创始人一开始主张的“股权代持”产生分歧。

为避免此类风险，建议企业创始人这样做：

在签署股权代持协议中明确约定核心成员显名的条件，仅在达到约定条件的情况下，核心成员才可显名。

创始股东可与核心员工签订附加条件的股权转让协议，规定必须在条件成熟时才向其转让股权。这种方式不但能够达到上述用股权激励核心成员的目的，也避免过早授予股权后股权处于因隐名股东主张显名而陷入不稳定状态的风险。

以配合股东特殊身份为目的的股权代持

在公司的经营过程中，难免会涉及引入部分外部资源，而这些外部资源可能由于身份的特殊性（如其他企业股东、高管，公务员等原因）而无法直接登记为股东。这时，股权代持就成为了给予外部资源提供者利益的主要方式。

此类股权代持方式虽然解决了给予资源提供者利益分配的问题，但也有一定风险，因为这种做法会进一步导致公司股权结构的不明晰，对公司的长期发展会造成一定影响。

在此类代持情形中，由于隐名股东身份具备一定的特殊性，因此公司面临“隐名股东主张显名”的风险相对较低一些。由于这样的特殊性，通常股权代持状态也会维持比较长时间。所以，一旦在此期间，公司实行融资、挂牌、上市（尤其挂牌、上市）计划，需要核查公司股权是否明晰的重大节点时，公司就很可能因存在股权代持，而被认定为股权不明晰，从而影响公司融资、挂牌或上市。

想要避免此类风险，企业可以这样做：

可通过股东承诺分配股权利益的方式，实现对资源方的利益给予。因为资源提供者通常注重的是利益分配，而非股权等其他权利，所以承诺给予利益比直接股权代持更加合适。

当然，如果企业面临不得不设置股权代持的情况，也可通过设立持股平台，并在持股平台中进行代持安排，以隔离主体公司股权不明晰的风险。

以规避行业限制为目的的股权代持

我国对外商投资行业有相关管控，因此部分行业限制外国投资者投资，有些外国投资者为规避相关外商投资限制，会作为隐名股东，他们会以股权代持的方式投资境内的相关行业，从而绕开限制。

这种方法，在限制外商投资的互联网行业中尤为多见。通过股权代持方式规避行业投资限制的方式其实也存在着代持协议无效的风险。

根据我国《合同法》规定，“违反法律、法规强制性规定”的合同无效，利用股权代持方式规避行业限制的做法，通常被视为“违反法律、行政法规强制性规定”的行为。因此，相应的代持协议则属于无效合同。一旦代持协议被认定为无效，隐名股东和名义股东之间的代持关系将不会受法律保护，实际投资人并非公司的股东，不能行使股东权利。

为避免此类代持造成的风险，企业可以这样做：

在股权代持协议中明确约定关于合同无效后的处理方式（如清算公司、股权评估折现等条件），这样做可以增强对隐名股东的保护。另外，也可通过建立 VIE 架构等方式实现外商投资的最终目的。

合伙企业持股平台涉税风险要及时应对

为了对员工更好地实施激励，同时又降低被激励对象的纳税负担，很多公司设立了股权激励平台，这其中尤以合伙企业持股平台居多。

合伙企业作为持股平台，我们要先了解其收入的来源：被投资公司的分红和转让被投资公司的股权（票）。那么这两部分收入都应由谁来纳税呢？该缴哪些税？如果不能应对这些问题，很可能合伙持股平台会遭遇一些不必要的风险。

股息收入应缴纳的税务

首先，合伙企业取得的股息收入不属于增值税征税范围，因此对其不征增值税。

其次，就是所得税。《国家税务总局关于〈关于个人独资企业和合伙企业投资者征收个人所得税的规定〉执行口径的通知》（国税函〔2001〕84号）第二条规定：个人独资企业和合伙企业对外投资分回的利息或者股息、红利，不并入企业的收入，而应单独作为投资者个人取得的利息、股息、红利所得，按“利息、股息、红利所得”应税项目计算缴纳个人所得税。以合伙企业名义对外投资分回利息或者股息、红利的，应按《通知》[注：《关于个人独资企业和合伙企业投资者征收个人所得税的规定》（财税〔2000〕91号）]所附规定的第五条精神确定各个投资者的利息、股息、红利所得，分别按“利息、股息、红利所得”应税项目计算缴纳个人所得税。

按照上述规定，合伙人是自然人的，应当按照个人所得税法规定，根据其应分得的所得额，按20%的税率计算缴纳个人所得税。

假如合伙人是居民企业法人合伙人，如合伙企业投资的对象也属于境内居民企业，则该法人合伙人取得的股息是否可以享受免税优惠呢？

《中华人民共和国企业所得税法实施条例》第八十三条企业所得税法第二十六条第（二）项所称符合条件的居民企业之间的股息、红利等权益性投资收益，是指居民企业直接投资于其他居民企业取得的投资收益。

法人合伙人通过合伙企业向居民企业进行投资，该居民企业将利润对合伙企业进行一定的分红，随后，合伙企业再将该股息、红利分配给法人合伙人。值得提醒的是，此时法人合伙人所取得的股息、红利不属于直接投资于其他居民企业所取得的投资收益，也不满足于《中华人民共和国企业所得税法》和《中华人民共和国企业所得税法实施条例》所规定的免税收入条件，因此，不能享受企业所得税免税优惠。

股权（票）转让收入应缴纳的税务

第一，增值税。

对于股权（票）转让收入首先应该缴纳增值税，但也有不同规定。

《财政部：国家税务总局关于全面推开营业税改征增值税试点的通知》（财税〔2016〕36号，以下简称“36号文”）附件1《营业税改征增值税试点实施办法》附《销售服务、无形资产、不动产注释》金融商品转让，是指转让外汇、有价证券、非货物期货和其他金融商品所有权的业务活动。

其他金融商品转让包括基金、信托、理财产品等各类资产管理产品和各种金融衍生品的转让。

按照《中华人民共和国证券法》的规定，证券包括股票、公司债券和国务院依法认定的其他证券。

按照《中华人民共和国公司法》的规定，代表股东对有限责任公司行使权力的表现形式是股权；代表股东对股份公司行使权力的表现形式是股份，股份有限公司的股份采取股票的形式。

综上可知，有限责任公司的股权不属于有价证券，而股份有限公司的股票属于有价证券。

因此，如果有限合伙企业转让的是有限责任公司的股权，则不属于增值税征税范围，也就不需缴纳增值税；如果转让的是股份有限公司的股票，则属于增值税征税范围，那么就必须按照“36 号文”的有关规定计算缴纳增值税。

第二，所得税。

有限合伙企业转让被投资企业的股权（票）取得的所得，对于自然人合伙人而言，属于财产转让所得还是生产经营所得呢？对此有下列规定。

（1）总局规定。

《国家税务总局关于切实加强高收入者个人所得税征管的通知》（国税发〔2011〕50 号）第二条第（三）款第 2 项规定：对个人独资企业和合伙企业从事股权（票）、期货、基金、债券、外汇、贵重金属、资源开采权及其他投资品交易取得的所得，应全部纳入生产经营所得，依法征收个人所得税。

《财政部：国家税务总局关于印发〈关于个人独资企业和合伙企业投

资者征收个人所得税的规定〉的通知》（财税〔2000〕91号）第四条规定：个人独资企业和合伙企业（以下简称企业）每一纳税年度的收入总额减除成本、费用以及损失后的余额，作为投资者个人的生产经营所得，比照个人所得税法的“个体工商户的生产经营所得”应税项目，适用5%～35%的五级超额累进税率，计算征收个人所得税。

（2）国家规定。

《国务院关于清理规范税收等优惠政策的通知》（国发〔2014〕62号）第三条第（一）款规定：坚持税收法定原则，除依据专门税收法律法规和《中华人民共和国民族区域自治法》规定的税政管理权限外，各地区一律不得自行制定税收优惠政策；未经国务院批准，各部门起草其他法律、法规、规章、发展规划和区域政策都不得规定具体税收优惠政策。

《国务院关于税收等优惠政策相关事项的通知》（国发〔2015〕25号）第四条规定：各地区、各部门今后制定出台新的优惠政策，除法律、行政法规已有规定事项外，涉及税收或中央批准设立的非税收入的，应报国务院批准后执行；其他由地方政府和相关部门批准后执行，其中安排支出一般不得与企业缴纳的税收或非税收入挂钩。

（3）各地规定。

当然，各地的规定也有所不同。

如北京市《关于促进股权投资基金业发展的意见》（京金融办〔2009〕5号）第四条规定：合伙制股权基金中个人合伙人取得的收益，按照“利息、股息、红利所得”或者“财产转让所得”项目征收个人所得税，税率为20%。

《上海市金融办、上海工商局、国税局、地税局关于本市股权投资企业工商登记等事项的通知》（沪金融办通〔2008〕3号）第五条第（二）款规定规定：执行有限合伙企业合伙事务的自然人普通合伙人，按照《中华人民共和国个人所得税法》及其实施条例的规定，按“个体工商户的生产经营所得”应税项目，适用5%～35%的五级超额累进税率，计算征收个人所得税。不执行有限合伙企业合伙事务的自然人有限合伙人，其从有限合伙企业取得的股权投资收益，按照《中华人民共和国个人所得税法》及其实施条例的规定，按“利息、股息、红利所得”应税项目，依20%税率计算缴纳个人所得税。

法人合伙人从合伙企业分配所得的特殊政策

对于法人合伙人从合作企业分配所得的特殊政策，下面我们来详细看一下。

1. 股息红利收入征免税问题

《中华人民共和国企业所得税法》第二十六条第二款规定，符合条件的居民企业之间的股息、红利等权益性投资收益为免税收入。

《中华人民共和国企业所得税法实施条例》第八十三条企业所得税法第二十六条第（二）项所称符合条件的居民企业之间的股息、红利等权益性投资收益，是指居民企业直接投资于其他居民企业取得的投资收益。

法人合伙人通过合伙企业向居民企业进行投资，该居民企业将利润对合伙企业进行分红，合伙企业再将该股息、红利分配给法人合伙人。在这里需要注意的是，此时法人合伙人取得的股息、红利不属于直接投资于其他居民企业所取得的投资收益，因此也就不满足《中华人民共和国企业所得税法》和《中华人民共和国企业所得税法实施条例》所规定的免税收入条件，不能享受企业所得税免税优惠。

2. 从合伙企业分配亏损的弥补问题

法人合伙人从有限合伙制创业投资企业分配的所得应并入法人合伙人的应纳税所得，一并计算缴纳企业所得税款。如果法人合伙人从有限合伙制创业投资企业分配的不是利润，而是亏损，那么该亏损是否可以抵减法人合伙人自身的应纳税所得呢？对此财政部也有所规定。

《财政部：国家税务总局关于合伙企业合伙人所得税问题的通知》（财税〔2008〕159号）第五条规定：合伙企业的合伙人是法人和其他组织的，合伙人在计算其缴纳企业所得税时，不得用合伙企业的亏损抵减其盈利。

小心遭内外黑手操控

一个公司在创业初步阶段通常面对的困难是最多的，也往往是最难捱的，因为仅靠一个人的力量是很有限的。所以，企业会导入合伙制。一个优秀的合伙人可以给公司带来无限的发展空间，能为创始人分担压力，更能共同应对困难。

但是有很多时候，企业创始人并不能如愿。因为总有“黑手”在等着创始人。因此，作为合伙企业，必须要有养成防控“黑手”的能力，要控制好风险，面临内忧外患，不但要防内，还要抗外。

对内：要仔细考察合伙人人品

合伙人的人品决定他会不会损害公司利益，会不会在不经意间给公司带来灾难。下面我们来看一个因为没有仔细了解和考察合伙人的人品，而遭遇内部合伙人“黑手”的案例。

A 和 B 是合伙人关系，两人联手将公司慢慢做大。当时，A 是公司最大的创始人，占股较多，因此公司内很多事务都由 A 说了算。

5 年之后，公司步入正轨，公司面临转型，但是在销售方面却仍然有待提高，公司急需开展新业务。于是，A 认为应该再招纳一个销售方面的合伙人。他非常看好 B 之前的一个同事 C。他认为 C 在销售方面业务能力很强，而且 C 有很多朋友专门从事这方面的销售工作，因此，对 A 来说，如果让 C 成为合伙人，那么在销售上也就有了资源和渠道。

A 和 B 对此事进行商量，遭到 B 的坚决反对。B 认为 C 不靠谱，心机很重，非常喜欢算计别人。然而，此时的 A 却不听 B 的劝告，由于自己占股较大，于是强行让 C 入伙，成为了新合伙人。

C 加入公司之后，的确把销售业绩提高了上去。但是在过去的一段时间之内，C 却将这家公司所有其他的销售员全都找借口辞掉，重新招聘了新人。更让 B 感到气愤的是，C 招纳的销售部门的人才都是 C 的朋友。公司的销售和客户都落在了 C 的手中。

又过了一段时间，销售部的利润并没有上升，而且销售部的订单也都由 C 一人来管理。最终公司财务出现很大漏洞。这时候，C 主动退出，这家公司因 C 的参与而面临破产。

可以说，一个合伙人的人品在很大程度上决定公司能否遭遇内部“黑手”。如果合伙人的人品不好，那么很可能就成为公司的一颗“定时炸弹”。因此，在选择合伙人上，企业创始人一定要擦亮双眼，注意和观察合伙人的人品。做法是可先考察一段时间，再决定是否纳入合伙人行列。即便是纳入合伙人行列，也必须在细节上继续观察和监督，做好监管工作。此外，企业还可以在合伙协议中加入合伙人违反的条规以及惩罚原则。这样也能在很大程度上避免合伙人遭遇内部“黑手”。

合伙人团结才能对抗外部“黑手”

合伙人除了要预防内部“黑手”，还应该预防外部“黑手”。

外部有些企业甚至会联合起来给企业设局。因此面对外部的压力和风险，企业想要从容应对，合伙人必须要团结一致，形成强大智囊团和坚强的团队，这样才可以对抗外部“黑手”。

例如在遇到外部大问题时，首先，无论合伙人的股权是多少，都应该发表自己的意见和想法，还可以采取投票的方式来决定最终策略。其次，合伙人之间也可以在平常互相交流，多留意外部信息，对外部信息要及时汇报，董事会也要及时整理和商议，这样才能避免外部“黑手”。

俗话说，家和万事兴。一个公司也是如此，只有内部合伙人团结一致，外部的力量才无法入侵。

马云的阿里巴巴在创业路程中，曾经遇到的一个最强大的对手之一就是 eBay，这个来自海外的网站，想方设法对阿里巴巴“设局”。阿里巴巴之所以能够扶摇直上，没有被打败，反而狠狠击败了 eBay，就是因为阿里巴巴和 18 位合伙人团结一致，一起想办法，才战胜 eBay。

为此，马云将 eBay 比作是海里的鲨鱼，而他和他的阿里巴巴的 18 合伙人则是长江里的扬子鳄。马云曾说：“如果我们在大海里对抗，肯定斗不过 eBay；但如果我们在江河里较量，我们就一定能赢!”这种战术不是马云一个人的功劳，而是属于全体阿里巴巴 18 位合伙人的智慧和功劳。因此，无论在战术上、技术上、策略上，合伙人应该各司其职，参与战斗。

附录　股权合伙工具箱

合伙创业协议书标准模板

《合伙创业协议书》

甲方：__________身份证号________________

乙方：__________身份证号________________

丙方：__________身份证号________________

丁方：__________身份证号________________

总则：

甲乙丙丁（简称“四方”）四方本着平等自愿、优势互补、责任共担、利益共享的原则，就合作创立并运营项目（简称该项目）事宜达成如下协议（简称本协议），四方皆须遵照执行。

一、合伙项目简介

1. 该项目属于__________行业，目标客户是__________，企业的目的是______________。

2. 该项目创立宗旨________________。

3. 发展战略________________。

二、合伙职责分工

四方作为该项目前期核心合伙人，为了共同的目标和愿望走到一起，现将分工明确如下：

岗位	中文名	负责人	主要职能描述
CEO	首席执行官	甲（姓名）	1. 战略：责任项目战略、商业模式以及阶段性策略的制定 2. 人才：负责项目所需要的人才，负责新合伙人的招纳 3. 融资：负责项目发展阶段的融资策略
CTO	首席产品官	乙（姓名）	1. 负责按照战略开展阶段性产品研发 2. 负责产品安全性测试和升级
COO	首席运营官	丙（姓名）	1. 负责项目运营维护 2. 负责产品试产个推广 3. 负责用户调研反馈
CMO	首席营销官	丁（姓名）	1. 负责产品渠道销售 2. 负责产品市场建设

三、股权利益分配

股东	出资比例（%）	股权（%）	利益分配
甲（姓名）	67	67	纯利润减出发展基金后按股权比例分配
乙（姓名）	18	18	纯利润减出发展基金后按股权比例分配
丙（姓名）	10	10	纯利润减出发展基金后按股权比例分配
丁（姓名）	5	5	纯利润减出发展基金后按股权比例分配

1. 股权转让：原则上每个合伙人的股权不得随意转让第四方。如果确实需转让者，必须书面提交股东会全体股东表决通过方可执行，否则视为无效。

2. 股权套现：四方同意股份套现条件。

A. 在公司 IPO 上市前，股权套现仅限于第四方投资人之到帐现金。

B. 本项目获得投资后，在不影响项目发展及征得投资人（股东）同意的前提下，需要套现的一方（其后简称“套现方”）可书面提交股东会多数表决通过后套现，被出让的股权仅限于公司股东受让。

C. 套现额 = 自己所持股份比例 × 第四方投资到帐金额 ×（不高于 20%）。

D. 下次套现时间为新投资者跟投之后，计算方式同上；以保证投资人信心稳定及项目平稳发展。

四、薪资财务约定

1. 在获得投资前或项目盈利前，四方合作关系属于持股免薪联合创业。

2. 该项目从创立之初即按照公司模式管理运作，由甲方暂时负责财务管理分类记账，定期向团队汇报后四方签字，以便作为融资的账目凭证。

3. 项目获得首轮投资后开始扩建团队，引进财务主管及市场拓展主管等人才，完善公司管理制度，四方皆遵守公司管理制度。

五、分歧表决原则

1. 岗位工作分歧：

如果遇到某合伙人岗位工作的分歧，应采取“专业负责制”原则，即首先应倾听专业负责合伙人（比如A）的观点及解释，然后全体股东表决。如果全体股东皆不同意A的解释；而A坚持按他的方案展开工作，此时如果CEO不投反对票，可让A的方案执行，但A须对执行后果负责，同时CEO负有连带责任。

2. 实施策略分歧：

针对发展策略的分歧，原则上应先展开用户调研，听取用户建议；之后由全体股东表态决定。如果全体股东仍无法解决分歧，则有CEO最终拍板定夺；CEO承担决定后果的主要责任。

六、入伙退伙机制

1. 新股东进入原则。如项目发展需引入新股东，必须满足以下条件：

（1）专业技能与现有股东互补而不重叠。

（2）需经过多数（或全体）股东面试认同。

（3）股权比例须经过全员股东协商决定。

（4）从全体股东按原股权比例稀释。

2. 合伙人退出原则：

（1）某合伙人因能力精力或时间不能胜任项目发展需要，已经严重阻碍项目发展，由全体股东表决通过后可与该合伙人解除合伙关系；该合伙人之前的投资额按半年期分____次无息返还，该合伙人的技能及精力投入根据股东会按行规表决折算为相应费用补偿。

（2）某合伙人因主观因素主动退出该项目，通过向股东会提交申请，经过全体股东表决通过后可与该合伙人解除合伙关系；该合伙人之前的投资额按____年期分____次无息返还；该合伙人的技能及精力投入不做任何补偿；该合伙人不再享有项目的任何权益。

七、项目推荐计划

项目阶段	阶段项目主体	责任人	完成时间	审核
第一阶段				
第二阶段				
第三阶段				
第四阶段				
……				

八、项目保护原则

1. 四方都须对该项目的商业模式和信息进行保密并承诺不对第四方公布。

2. 四方都不能与任何公司外同行展开类似业务的合伙或合作，否则视为严重违约并自动退出项目，不再享有项目任何股权及权益。

九、项目终止原则

1. 如因天灾、政策、法律重大公共安全事件等不可抗力因素导致本项目终止，四方皆不承担法律责任。

2. 该项目如在____年__月前仍未达到目标，经全体股东表决通过后可终止；四方皆不承担法律责任。

3. 如有违反本协议以上任何一条条款者，视为违约并自动放弃所持股权及权益。

十、其他附则

1. 如有未尽事宜，四方协商处理，协商一致后，另行签订补充协议，并具同等法律效力。

2. 如遇到不能协商一致之事宜，四方同意在法院提起诉讼。

3. 本协议一式三份，四方签字后各执一份，具有同等法律效力。

甲方签字：______身份证号：______签证时间：____年__月__日

乙方签字：______身份证号：______签证时间：____年__月__日

丙方签字：______身份证号：______签证时间：____年__月__日

丁方签字：______身份证号：______签证时间：____年__月__日

有限合伙股权激励协议范本

《股权激励合伙协议》

甲方：________

身份证号码：________________

住址：________________________

联系方式：____________________________

乙方：____________

身份证号码：______________________

住址：______________________

联系方式：______________________

甲、乙双方基于自愿、公平、平等互利、诚实信用原则，根据《中华人民共和国合同法》、《中华人民共和国公司法》、《××××公司章程》、《××××股权期权激励规定》，甲乙双方就××××公司股权期权购买、持有、行权等有关事项达成如下协议：

一、甲方及公司基本状况

甲方为××××公司（以下简称“公司”）的原始股东，公司设立时注册资本为人民币____元，甲方的出资额为人民币____元，本协议签订时甲方占公司注册资本的____%。公司出于长期发展的考虑，为激励人才，留住人才，同意甲方授权乙方在符合本协议约定条件的情况下，有权以优惠价格认购甲方持有的公司____%股权。

二、股权认购预备期

乙方对甲方上述股权的认购预备期共为三年。乙方与公司建立劳动协议关系连续满五年并且符合本协议约定的考核标准，即开始进入认购预备期。

三、预备期内甲乙双方的权利

在股权预备期内，本协议所指的公司____%股权仍属甲方所有，乙方不具有股东资格，也不享有相应的股东权利。但甲方同意自乙方进入股权预备期以后，让渡部分股东分红权给乙方。乙方获得的分红比例为预备期满第一年享有公司____%股东分红权，预备期第二年享有公司____%股权分红权，预备期第三年享有公司____%股权分红权，具体分红时间依照公司章程及公司股东会决议、董事会决议执行。

四、股权认购行权期

乙方持有的股权认购权，自三年预备期满后即进入行权期。行权期限为三年。在行权期内乙方未认购甲方持有的公司股权的，乙方仍然享有预备期的股权分红权，但不具有股东资格，也不享有股东其他权利。超过本协议约定的行权期乙方仍不认购股权的，乙方丧失认购权，同时也不再享受预备期的分红权待遇。股权期权持有人的行权期为三年，受益人每一年以个人被授予股权期权数量的三分之一进行行权。

五、乙方的行权选择权

乙方所持有的股权认购权，在行权期间，可以选择行权，也可以选择放弃行权。甲方不得进行干预。

六、预备期及行权期的考核标准

乙方被公司聘任为董事、监事和高级管理人员的，应当保证公司经营管理状况良好，每年年度净资产收益率不低于______%或者实现净利润不少于人民币______万元或者业务指标为______。

七、乙方丧失行权资格的情形

在本协议约定的行权期到来之前或者乙方尚未实际行使股权认购权（包括预备期及行权期），乙方如若出现下列情形之一，即丧失股权行权资格：

1. 因辞职、辞退、解雇、退休、离职等原因与公司解除劳动协议关系的。

2. 丧失劳动能力或民事行为能力或者死亡的。

3. 刑事犯罪被追究刑事责任的。

4. 履行职务时，违反《公司法》或者该公司章程，损害公司利益的。

5. 履行职务时因错误行为致使公司利益受到重大损失的。

6. 没有达到规定业务指标、盈利业绩，或者经公司认定对公司亏损、经营业绩下降负有直接责任的。

7. 不符合本协议第六条约定的考核标准或者存在其他重大违反公司规章制度行为的。

八、行权价格

乙方同意在行权期内认购股权的，认购价格为______，即每1%股权，乙方须付甲方认购款人民币______元。

九、股权转让协议

乙方同意在行权期内认购股权的，甲乙双方应当签订正式的股权转让协议，乙方按本协议约定向甲方支付股权认购款后，乙方成为公司的正式股东，依法享有相应的股东权利。甲乙双方应当向工商部门办理变更登记手续，公司向乙方签发股东权利证书。

十、乙方转让股权的限制性规定

乙方受让甲方股权成为公司股东后，其股权转让应当遵守以下约定：

1. 乙方转让其股权时，甲方具有优先购买权，即甲方拥有优先于公司其他股东及任何外部人员的权利，转让价格为______。

2. 甲方放弃优先购买权的，公司其他股东有权按前述价格购买；其他股东亦不愿意购买的，乙方有权向股东以外的人转让。转让价格由乙方与受让人自行协商，甲方及公司均不得干涉。

3. 甲方及其他股东接到乙方的股权转让事项书面通知之日起满三十日未答复的，视为放弃优先购买权。

十一、关于聘用关系的声明

甲方与乙方签署本协议不构成甲方或公司对乙方聘用期限和聘用关系的任何承诺，公司对乙方的聘用关系仍按劳动协议的有关约定执行。

十二、关于免责的声明

如若出现下列情形之一，甲、乙双方均不承担违约责任：

1. 甲、乙双方签订本股权期权协议是依照协议签订时的国家现行政策、法律法规制定的。如果本协议履行过程中遇法律、政策等的变化致使甲方无法履行本协议的，甲方不负任何法律责任。

2. 本协议约定的行权期到来之前或者乙方尚未实际行使股权认购权，公司因破产、解散、注销、吊销营业执照等原因丧失民事主体资格或者不能继续营业的，本协议可不再履行。

3. 公司因并购、重组、改制、分立、合并、注册资本增减等原因致使甲方丧失公司实际控制人地位的，本协议可不再履行。

十三、争议的解决

本协议在履行过程中如果发生任何纠纷，甲乙双方应友好协商解决。协商不成，任何一方均可向公司住所地的人民法院提起诉讼。

附则

1. 本协议自双方签章之日起生效。

2. 本协议未尽事宜由双方另行签订补充协议，补充协议与本协议具有同等效力。

3. 本协议内容如与《××××公司股权期权激励规定》发生冲突，以

《××××股权期权激励规定》为准。

4. 本协议______式______份，甲乙双方各执______份，______公司保存______份，均具有同等效力。

甲方（签名或盖章）

乙方（签名或盖章）

公司（盖章）

______年____月____日

员工持股股权激励计划书

《股权激励协议书》

股权转让方（甲方）：

身份证号：

地址：

股权受让方（乙方）：

身份证号：

地址：

股权激励方：xxx公司（以下简称公司）

甲方为公司股东，占有__%股权。乙方为公司管理人员，任职__。

为更好地激励公司高级管理人员勤勉尽责地为公司的长期发展服务，使其能够以股东的身份参与企业决策、分享利润、承担风险，经公司股东会决议，同意甲方以股权激励形式与乙方签订股权激励协议。

现甲乙双方根据《中华人民共和国公司法》、《中华人民共和国证券法》的规定，经协商一致，就股权激励事宜，达成如下协议。

一、股权转让对价

1.1 甲方将其持有的公司______%的股权转让给乙方，作为股权激励。乙方无需支付任何价款。

1.2 乙方担任______职务，全面负责公司日常经营管理工作，且在协议生效后需持续在公司工作满5年，全力保证公司每年业务目标的实现，此作为接受股权激励的条件。

二、甲方保证

2.1 甲方保证对其拟转让给乙方的股权拥有完全处分权，保证该股权没有设定质押，保证股权未被查封，并免遭第三人追索，否则甲方应当承担由此引起一切经济和法律责任。

三、乙方股东权

3.1 乙方有权查阅及复制公司章程、股东会会议记录、董事会会议决议、监事会会议决议和财务会计报告。但是如乙方要求查阅公司会计账簿，应当向公司提出书面请求，并说明目的。

3.2 乙方有权通过股东会参与公司经营的重大决策，乙方有权参加公司的股东会并就会议事项按其股权比例进行表决。

3.3 乙方有权按照股权比例分取红利。

3.4 自协议生效之日起，乙方在公司持续工作满 5 年后，方可自由处分已转让股权，处分股权包括股权转让、质押、以股权出资等。

四、股权变更登记

4.1 自本协议签订之日起30 日内，双方应办妥相关工商登记变更手续。

4.2 因甲方原因未能办妥相关工商登记变更手续的，不影响乙方股东权利的行使。

4.3 在本次股权转让过程中发生的有关费用均由甲方承担。

五、乙方承诺

5.1 做为股权转让的条件之一，协议签订后，乙方需要持续在公司工作 5 年以上，不得主动离职。

5.2 协议签订后 5 年内，乙方不得自行处分已转让的股权。处分股权包括股权转让、质押、以股权出资等。

5.3 乙方应当与公司签订并遵守《竞业禁止协议》、《保密协议》，不得以任何不正当、不道德的行为损害公司的利益。

六、特别约定

6.1 乙方违反上述第 5.1 条承诺时，甲方有权无偿收回全部股权。

6.2 乙方违反上述第5.2.5.3条承诺时，公司有权对乙方进行开除处理，同时甲方有权无偿收回全部股权外，并有权追回乙方从本协议生效之日起根据股权所收取的一切收益。造成甲方损失的，乙方赔偿甲方的全部损失。

6.3 按6.1.6.2，双方应在乙方自动离职、被开除之日或乙方未遵守承诺起30日内办妥相关的工商登记变更手续。未办妥相关工商登记变更手续的，不影响甲方股东权利的行使。

6.4 乙方未按本协议6.1.6.2.6.3条约定及时将上述股权转让给甲方，并办理相关工商登记变更手续的，每延迟一日，乙方需支付甲方违约金人民币______元。

七、争议解决方式

因本协议引起的或与本协议有关的任何争议，甲乙双方应友好协商解决。如协商不成，任一方均有权提交甲方所在地人民法院诉讼。

八、其他附加

8.1 本协议书经甲乙双方签字并经公证处公证后生效。

8.2 本协议书一式四份，甲乙双方各执一份，公证处执一份，工商局备案登记一份。

8.3 本协议签订后，自______年____月____日起生效。

转让方：　签字盖章

受让方：　签字盖章

日期：______年____月____日______

公证方：

股权激励方：×××公司：　签字盖章：

代表签署：

日期：______年____月____日

员工虚拟股权激励协议书

甲方：×××公司全体股东

地址：

法定代表人：

联系电话：

乙方：

任职：

身份证号：

地址：

联系电话：

乙方系甲方员工，鉴于乙方以往对甲方的贡献和为了激励乙方更好地工作，也为了使×××公司进一步提高经济效益，经双方友好协商，双方同意甲方以虚拟股权（干股）的方式对乙方的工作进行奖励和激励。为明确双方的权利义务，特订立以下协议：

一、定义

1. 股东是指出资成立公司的自然人或法人，股东享有股权。

2. 股权：指×××公司在工商部门登记的注册资本金，总额为人民币×××万元，一定比例的股权对应相应金额的注册资本金。

3. 虚拟股权（干股）：指公司对内名义上的股权。虚拟股权拥有者不是指甲方在工商注册登记的实际股东，虚拟股权的拥有者仅享有参与公司年终净利润的分配权，而无所有权和其他权利。此虚拟股权对内、对外均不得转让，不得继承。

4. 分红：指×××有限公司按照《中华人民共和国公司法》及公司章程的规定可分配的税后净利润总额，各股东按所持股权比例进行分配所得的红利。

二、协议标的

甲方经过全体股东一致同意，决定授予乙方____%或____万元的虚拟股权，每股为人民币一元整。

1. 乙方取得的____%的虚拟股权不变更甲方公司章程，不记载在甲方公司的股东名册，不做工商变更登记。乙方不得以此虚拟股权对外作为拥有甲方资产的依据。

2. 每年度会计结算终结后，甲方按照公司法和公司章程的规定计算出上一年度公司可分配的税后净利润总额。

3. 乙方可得分红为乙方的虚拟股比例乘以可分配的净利润总额。

三、协议的履行

1. 甲方应在每年的____月份进行上一年度会计结算，得出上一年度税后净利润总额，并将此结果及时通知乙方。

2. 乙方在每年度的____月份享受分红。甲方应在确定乙方可得分红后的10个工作日内，将可得分红的50%支付给乙方。

3. 乙方的可得分红应当以人民币形式支付，除非乙方同意，甲方不得以其他形式支付。

4. 乙方可得分红的其他部分暂存甲方账户并按同期银行利息计，按照下列规定支付或处理：

（1）本合同期满时，甲、乙双方均同意不再继续签订劳动合同的，乙方未提取的可得分红在合同期满后的三年内，由甲方按每年____分之一的额度支付给乙方。

（2）本合同期满时，甲方要求续约而乙方不同意的，乙方未提取的可得分红的一半由甲方在合同期满后的五年内按均支付；可得分红的另一半归属甲方。

(3) 乙方提前终止与甲方签订的劳动合同或者乙方违反劳动合同的有关规定或甲方的规章制度而被甲方解职的，乙方未提取的可得分红归属甲方，乙方无权再提取。

5. 乙方在获得甲方授予的虚拟股同时，仍可根据甲乙双方签订的劳动合同享受甲方给予的其他待遇。

四、协议期限以及与劳动合同的关系

1. 乙方在本合同期限内可享受此____%虚拟股权的分红权。本合同期限为____年，于____年____月____日开始，并于____年____月____日届满。

2. 合同期限的续展：本合同于到期日自动终止，除非双方在到期日之前签署书面协议，续展本合同期限。

3. 本协议与甲乙双方签订的劳动合同相互独立。

4. 乙方在获得甲方授予的虚拟股权的同时，仍可享受在与甲方签署的劳动合同内的待遇。

五、协议的权利义务

1. 甲方应当如实计算年度税后净利润，乙方对此享有知情权。

2. 甲方应当及时、足额支付乙方可得分红。

3. 乙方对甲方负有忠实义务和勤勉义务，不得有任何损害公司利益和形象的行为。

4. 乙方对本协议的内容承担保密义务。

5. 若乙方离开甲方公司的，或者依据第六条变更，解除本协议的，乙方仍应遵守本条第3.4项约定。

六、协议的变更、解除和终止

1. 甲方可根据乙方的工作情况将授予乙方的____%虚拟股权部分或者全部转化为实际股权，但双方应协商一致并另行签订股权转让协议。

2. 甲乙双方经协商一致同意的，以书面形式变更或者解除协议内容。

3. 乙方违反本协议义务，给甲方造成损害的，甲方有权书面通知乙方解除本协议。

4. 乙方有权随时通知甲方解除本协议。

5. 甲方公司解散、注销或者乙方死亡的，本协议自行终止。

七、违约责任

1. 如甲方违反本协议约定，迟延支付或者拒绝支付乙方可得分红的，应按可得分红总额的____%向乙方承担违约责任。

2. 如乙方违反本协议约定，甲方有权视情况相应减少或者不予支付乙方可得分红，并有权解除本协议。给甲方造成损失的，乙方应当承担赔偿责任。

3. 如乙方违反《劳动合同》第____条，甲方有权提前解除本合同。

八、争议的解决

因履行本协议发生争议的，双方首先应当争取友好协商来解决。如协商不成，则将该争议提交甲方所在地人民法院裁决。

九、协议生效

甲方全体股东一致同意是本协议的前提，《股东会决议》是本协议生效之必要附件。本协议一式____份，自双方签字或盖章之日起生效。

公司：

乙方（签署）：

全体股东（签署）：

日期：____年____月____日

《中华人民共和国合伙企业法》

（1997年2月23日第八届全国人民代表大会常务委员会第二十四次会议通过

2006年8月27日第十届全国人民代表大会常务委员会第二十三次会议修订）

第一章　总　　则

第一条　为了规范合伙企业的行为，保护合伙企业及其合伙人、债权人的合法权益，维护社会经济秩序，促进社会主义市场经济的发展，制定本法。

第二条　本法所称合伙企业，是指自然人、法人和其他组织依照本法在中国境内设立的普通合伙企业和有限合伙企业。

普通合伙企业由普通合伙人组成，合伙人对合伙企业债务承担无限连带责任。本法对普通合伙人承担责任的形式有特别规定的，从其规定。

有限合伙企业由普通合伙人和有限合伙人组成，普通合伙人对合伙企业债务承担无限连带责任，有限合伙人以其认缴的出资额为限对合伙企业债务承担责任。

第三条　国有独资公司、国有企业、上市公司以及公益性的事业单位、社会团体不得成为普通合伙人。

第四条　合伙协议依法由全体合伙人协商一致、以书面形式订立。

第五条　订立合伙协议、设立合伙企业，应当遵循自愿、平等、公平、诚实信用原则。

第六条　合伙企业的生产经营所得和其他所得，按照国家有关税收规定，由合伙人分别缴纳所得税。

第七条　合伙企业及其合伙人必须遵守法律、行政法规，遵守社会公德、商业道德，承担社会责任。

第八条 合伙企业及其合伙人的合法财产及其权益受法律保护。

第九条 申请设立合伙企业，应当向企业登记机关提交登记申请书、合伙协议书、合伙人身份证明等文件。

合伙企业的经营范围中有属于法律、行政法规规定在登记前须经批准的项目的，该项经营业务应当依法经过批准，并在登记时提交批准文件。

第十条 申请人提交的登记申请材料齐全、符合法定形式，企业登记机关能够当场登记的，应予当场登记，发给营业执照。

除前款规定情形外，企业登记机关应当自受理申请之日起二十日内，作出是否登记的决定。予以登记的，发给营业执照；不予登记的，应当给予书面答复，并说明理由。

第十一条 合伙企业的营业执照签发日期，为合伙企业成立日期。

合伙企业领取营业执照前，合伙人不得以合伙企业名义从事合伙业务。

第十二条 合伙企业设立分支机构，应当向分支机构所在地的企业登记机关申请登记，领取营业执照。

第十三条 合伙企业登记事项发生变更的，执行合伙事务的合伙人应当自作出变更决定或者发生变更事由之日起十五日内，向企业登记机关申请办理变更登记。

第二章 普通合伙企业

第一节 合伙企业设立

第十四条 设立合伙企业，应当具备下列条件：

（一）有二个以上合伙人。合伙人为自然人的，应当具有完全民事行为能力；

（二）有书面合伙协议；

（三）有合伙人认缴或者实际缴付的出资；

（四）有合伙企业的名称和生产经营场所；

（五）法律、行政法规规定的其他条件。

第十五条　合伙企业名称中应当标明“普通合伙”字样。

第十六条　合伙人可以用货币、实物、知识产权、土地使用权或者其他财产权利出资，也可以用劳务出资。

合伙人以实物、知识产权、土地使用权或者其他财产权利出资，需要评估作价的，可以由全体合伙人协商确定，也可以由全体合伙人委托法定评估机构评估。

合伙人以劳务出资的，其评估办法由全体合伙人协商确定，并在合伙协议中载明。

第十七条　合伙人应当按照合伙协议约定的出资方式、数额和缴付期限，履行出资义务。

以非货币财产出资的，依照法律、行政法规的规定，需要办理财产权转移手续的，应当依法办理。

第十八条　合伙协议应当载明下列事项：

（一）合伙企业的名称和主要经营场所的地点；

（二）合伙目的和合伙经营范围；

（三）合伙人的姓名或者名称、住所；

（四）合伙人的出资方式、数额和缴付期限；

（五）利润分配、亏损分担方式；

（六）合伙事务的执行；

（七）入伙与退伙；

（八）争议解决办法；

（九）合伙企业的解散与清算；

（十）违约责任。

第十九条　合伙协议经全体合伙人签名、盖章后生效。合伙人按照合伙协议享有权利，履行义务。

修改或者补充合伙协议，应当经全体合伙人一致同意；但是，合伙协议另有约定的除外。

合伙协议未约定或者约定不明确的事项，由合伙人协商决定；协商不成的，依照本法和其他有关法律、行政法规的规定处理。

第二节　合伙企业财产

第二十条　合伙人的出资、以合伙企业名义取得的收益和依法取得的其他财产，均为合伙企业的财产。

第二十一条　合伙人在合伙企业清算前，不得请求分割合伙企业的财产；但是，本法另有规定的除外。

合伙人在合伙企业清算前私自转移或者处分合伙企业财产的，合伙企业不得以此对抗善意第三人。

第二十二条　除合伙协议另有约定外，合伙人向合伙人以外的人转让其在合伙企业中的全部或者部分财产份额时，须经其他合伙人一致同意。

合伙人之间转让在合伙企业中的全部或者部分财产份额时，应当通知其他合伙人。

第二十三条　合伙人向合伙人以外的人转让其在合伙企业中的财产份额的，在同等条件下，其他合伙人有优先购买权；但是，合伙协议另有约定的除外。

第二十四条　合伙人以外的人依法受让合伙人在合伙企业中的财产份额的，经修改合伙协议即成为合伙企业的合伙人，依照本法和修改后的合伙协议享有权利，履行义务。

第二十五条　合伙人以其在合伙企业中的财产份额出质的，须经其他合伙人一致同意；未经其他合伙人一致同意，其行为无效，由此给善意第三人造成损失的，由行为人依法承担赔偿责任。

第三节　合伙事务执行

第二十六条　合伙人对执行合伙事务享有同等的权利。

按照合伙协议的约定或者经全体合伙人决定，可以委托一个或者数个合伙人对外代表合伙企业，执行合伙事务。

作为合伙人的法人、其他组织执行合伙事务的，由其委派的代表执行。

第二十七条　依照本法第二十六条第二款规定委托一个或者数个合伙人执行合伙事务的，其他合伙人不再执行合伙事务。

不执行合伙事务的合伙人有权监督执行事务合伙人执行合伙事务的情况。

第二十八条　由一个或者数个合伙人执行合伙事务的，执行事务合伙人应当定期向其他合伙人报告事务执行情况以及合伙企业的经营和财务状况，其执行合伙事务所产生的收益归合伙企业，所产生的费用和亏损由合伙企业承担。

合伙人为了解合伙企业的经营状况和财务状况，有权查阅合伙企业会计账簿等财务资料。

第二十九条　合伙人分别执行合伙事务的，执行事务合伙人可以对其他合伙人执行的事务提出异议。提出异议时，应当暂停该项事务的执行。如果发生争议，依照本法第三十条规定作出决定。

受委托执行合伙事务的合伙人不按照合伙协议或者全体合伙人的决定执行事务的，其他合伙人可以决定撤销该委托。

第三十条　合伙人对合伙企业有关事项作出决议，按照合伙协议约定的表决办法办理。合伙协议未约定或者约定不明确的，实行合伙人一人一票并经全体合伙人过半数通过的表决办法。

本法对合伙企业的表决办法另有规定的，从其规定。

第三十一条　除合伙协议另有约定外，合伙企业的下列事项应当经全体合伙人一致同意：

（一）改变合伙企业的名称；

（二）改变合伙企业的经营范围、主要经营场所的地点；

（三）处分合伙企业的不动产；

（四）转让或者处分合伙企业的知识产权和其他财产权利；

（五）以合伙企业名义为他人提供担保；

（六）聘任合伙人以外的人担任合伙企业的经营管理人员。

第三十二条　合伙人不得自营或者同他人合作经营与本合伙企业相竞争的业务。

除合伙协议另有约定或者经全体合伙人一致同意外，合伙人不得同本合伙企业进行交易。

合伙人不得从事损害本合伙企业利益的活动。

第三十三条　合伙企业的利润分配、亏损分担，按照合伙协议的约定办理；合伙协议未约定或者约定不明确的，由合伙人协商决定；协商不成的，由合伙人按照实缴出资比例分配、分担；无法确定出资比例的，由合伙人平均分配、分担。

合伙协议不得约定将全部利润分配给部分合伙人或者由部分合伙人承担全部亏损。

第三十四条　合伙人按照合伙协议的约定或者经全体合伙人决定，可以增加或者减少对合伙企业的出资。

第三十五条　被聘任的合伙企业的经营管理人员应当在合伙企业授权范围内履行职务。

被聘任的合伙企业的经营管理人员，超越合伙企业授权范围履行职务，或者在履行职务过程中因故意或者重大过失给合伙企业造成损失的，依法承担赔偿责任。

第三十六条　合伙企业应当依照法律、行政法规的规定建立企业财务、会计制度。

第四节　合伙企业与第三人关系

第三十七条　合伙企业对合伙人执行合伙事务以及对外代表合伙企业权利的限制，不得对抗善意第三人。

第三十八条　合伙企业对其债务，应先以其全部财产进行清偿。

第三十九条　合伙企业不能清偿到期债务的，合伙人承担无限连带责任。

第四十条　合伙人由于承担无限连带责任，清偿数额超过本法第三十三条第一款规定的其亏损分担比例的，有权向其他合伙人追偿。

第四十一条　合伙人发生与合伙企业无关的债务，相关债权人不得以其债权抵销其对合伙企业的债务；也不得代位行使合伙人在合伙企业中的权利。

第四十二条　合伙人的自有财产不足清偿其与合伙企业无关的债务的，该合伙人可以以其从合伙企业中分取的收益用于清偿；债权人也可以依法请求人民法院强制执行该合伙人在合伙企业中的财产份额用于清偿。

人民法院强制执行合伙人的财产份额时，应当通知全体合伙人，其他合伙人有优先购买权；其他合伙人未购买，又不同意将该财产份额转让给他人的，依照本法第五十一条的规定为该合伙人办理退伙结算，或者办理削减该合伙人相应财产份额的结算。

第五节　入伙、退伙

第四十三条　新合伙人入伙，除合伙协议另有约定外，应当经全体合伙人一致同意，并依法订立书面入伙协议。

订立入伙协议时，原合伙人应当向新合伙人如实告知原合伙企业的经营状况和财务状况。

第四十四条　入伙的新合伙人与原合伙人享有同等权利，承担同等责任。入伙协议另有约定的，从其约定。

新合伙人对入伙前合伙企业的债务承担无限连带责任。

第四十五条　合伙协议约定合伙期限的，在合伙企业存续期间，有下列情形之一的，合伙人可以退伙：

（一）合伙协议约定的退伙事由出现；

（二）经全体合伙人一致同意；

（三）发生合伙人难以继续参加合伙的事由；

（四）其他合伙人严重违反合伙协议约定的义务。

第四十六条　合伙协议未约定合伙期限的，合伙人在不给合伙企业事务执行造成不利影响的情况下，可以退伙，但应当提前三十日通知其他合伙人。

第四十七条　合伙人违反本法第四十五条、第四十六条的规定退伙的，应当赔偿由此给合伙企业造成的损失。

第四十八条　合伙人有下列情形之一的，当然退伙：

（一）作为合伙人的自然人死亡或者被依法宣告死亡；

（二）个人丧失偿债能力；

（三）作为合伙人的法人或者其他组织依法被吊销营业执照、责令关闭、撤销，或者被宣告破产；

（四）法律规定或者合伙协议约定合伙人必须具有相关资格而丧失该资格；

（五）合伙人在合伙企业中的全部财产份额被人民法院强制执行。

合伙人被依法认定为无民事行为能力人或者限制民事行为能力人的，经其他合伙人一致同意，可以依法转为有限合伙人，普通合伙企业依法转为有限合伙企业。其他合伙人未能一致同意的，该无民事行为能力或者限制民事行为能力的合伙人退伙。

退伙事由实际发生之日为退伙生效日。

第四十九条　合伙人有下列情形之一的，经其他合伙人一致同意，可以决议将其除名：

（一）未履行出资义务；

（二）因故意或者重大过失给合伙企业造成损失；

（三）执行合伙事务时有不正当行为；

（四）发生合伙协议约定的事由。

对合伙人的除名决议应当书面通知被除名人。被除名人接到除名通知之日，除名生效，被除名人退伙。

被除名人对除名决议有异议的，可以自接到除名通知之日起三十日内，向人民法院起诉。

第五十条　合伙人死亡或者被依法宣告死亡的，对该合伙人在合伙企业中的财产份额享有合法继承权的继承人，按照合伙协议的约定或者经全体合伙人一致同意，从继承开始之日起，取得该合伙企业的合伙人资格。

有下列情形之一的，合伙企业应当向合伙人的继承人退还被继承合伙人的财产份额：

（一）继承人不愿意成为合伙人；

（二）法律规定或者合伙协议约定合伙人必须具有相关资格，而该继承人未取得该资格；

（三）合伙协议约定不能成为合伙人的其他情形。

合伙人的继承人为无民事行为能力人或者限制民事行为能力人的，经全体合伙人一致同意，可以依法成为有限合伙人，普通合伙企业依法转为有限合伙企业。全体合伙人未能一致同意的，合伙企业应当将被继承合伙人的财产份额退还该继承人。

第五十一条　合伙人退伙，其他合伙人应当与该退伙人按照退伙时的合伙企业财产状况进行结算，退还退伙人的财产份额。退伙人对给合伙企业造成的损失负有赔偿责任的，相应扣减其应当赔偿的数额。

退伙时有未了结的合伙企业事务的，待该事务了结后进行结算。

第五十二条　退伙人在合伙企业中财产份额的退还办法，由合伙协议约定或者由全体合伙人决定，可以退还货币，也可以退还实物。

第五十三条　退伙人对基于其退伙前的原因发生的合伙企业债务，承担无限连带责任。

第五十四条　合伙人退伙时，合伙企业财产少于合伙企业债务的，退伙人应当依照本法第三十三条第一款的规定分担亏损。

第六节　特殊的普通合伙企业

第五十五条　以专业知识和专门技能为客户提供有偿服务的专业服务机构，可以设立为特殊的普通合伙企业。

特殊的普通合伙企业是指合伙人依照本法第五十七条的规定承担责任的普通合伙企业。

特殊的普通合伙企业适用本节规定；本节未作规定的，适用本章第一节至第五节的规定。

第五十六条　特殊的普通合伙企业名称中应当标明“特殊普通合伙”字样。

第五十七条　一个合伙人或者数个合伙人在执业活动中因故意或者重大过失造成合伙企业债务的，应当承担无限责任或者无限连带责任，其他合伙人以其在合伙企业中的财产份额为限承担责任。

合伙人在执业活动中非因故意或者重大过失造成的合伙企业债务以及合伙企业的其他债务，由全体合伙人承担无限连带责任。

第五十八条　合伙人执业活动中因故意或者重大过失造成的合伙企业债务，以合伙企业财产对外承担责任后，该合伙人应当按照合伙协议的约定对给合伙企业造成的损失承担赔偿责任。

第五十九条　特殊的普通合伙企业应当建立执业风险基金、办理职业保险。

执业风险基金用于偿付合伙人执业活动造成的债务。执业风险基金应当单独立户管理。具体管理办法由国务院规定。

第三章　有限合伙企业

第六十条　有限合伙企业及其合伙人适用本章规定；本章未作规定的，适用本法第二章第一节至第五节关于普通合伙企业及其合伙人的规定。

第六十一条　有限合伙企业由二个以上五十个以下合伙人设立；但是，法律另有规定的除外。

有限合伙企业至少应当有一个普通合伙人。

第六十二条　有限合伙企业名称中应当标明“有限合伙”字样。

第六十三条　合伙协议除符合本法第十八条的规定外，还应当载明下列事项：

（一）普通合伙人和有限合伙人的姓名或者名称、住所；

（二）执行事务合伙人应具备的条件和选择程序；

（三）执行事务合伙人权限与违约处理办法；

（四）执行事务合伙人的除名条件和更换程序；

（五）有限合伙人入伙、退伙的条件、程序以及相关责任；

（六）有限合伙人和普通合伙人相互转变程序。

第六十四条　有限合伙人可以用货币、实物、知识产权、土地使用权或者其他财产权利作价出资。

有限合伙人不得以劳务出资。

第六十五条　有限合伙人应当按照合伙协议的约定按期足额缴纳出资；未按期足额缴纳的，应当承担补缴义务，并对其他合伙人承担违约责任。

第六十六条　有限合伙企业登记事项中应当载明有限合伙人的姓名或者名称及认缴的出资数额。

第六十七条　有限合伙企业由普通合伙人执行合伙事务。执行事务合伙人可以要求在合伙协议中确定执行事务的报酬及报酬提取方式。

第六十八条　有限合伙人不执行合伙事务，不得对外代表有限合伙企业。

有限合伙人的下列行为，不视为执行合伙事务：

（一）参与决定普通合伙人入伙、退伙；

（二）对企业的经营管理提出建议；

（三）参与选择承办有限合伙企业审计业务的会计师事务所；

（四）获取经审计的有限合伙企业财务会计报告；

（五）对涉及自身利益的情况，查阅有限合伙企业财务会计账簿等财务资料；

（六）在有限合伙企业中的利益受到侵害时，向有责任的合伙人主张权利或者提起诉讼；

（七）执行事务合伙人怠于行使权利时，督促其行使权利或者为了本企业的利益以自己的名义提起诉讼；

（八）依法为本企业提供担保。

第六十九条　有限合伙企业不得将全部利润分配给部分合伙人；但

是，合伙协议另有约定的除外。

第七十条　有限合伙人可以同本有限合伙企业进行交易；但是，合伙协议另有约定的除外。

第七十一条　有限合伙人可以自营或者同他人合作经营与本有限合伙企业相竞争的业务；但是，合伙协议另有约定的除外。

第七十二条　有限合伙人可以将其在有限合伙企业中的财产份额出质；但是，合伙协议另有约定的除外。

第七十三条　有限合伙人可以按照合伙协议的约定向合伙人以外的人转让其在有限合伙企业中的财产份额，但应当提前三十日通知其他合伙人。

第七十四条　有限合伙人的自有财产不足清偿其与合伙企业无关的债务的，该合伙人可以以其从有限合伙企业中分取的收益用于清偿；债权人也可以依法请求人民法院强制执行该合伙人在有限合伙企业中的财产份额用于清偿。

人民法院强制执行有限合伙人的财产份额时，应当通知全体合伙人。在同等条件下，其他合伙人有优先购买权。

第七十五条　有限合伙企业仅剩有限合伙人的，应当解散；有限合伙企业仅剩普通合伙人的，转为普通合伙企业。

第七十六条　第三人有理由相信有限合伙人为普通合伙人并与其交易的，该有限合伙人对该笔交易承担与普通合伙人同样的责任。

有限合伙人未经授权以有限合伙企业名义与他人进行交易，给有限合伙企业或者其他合伙人造成损失的，该有限合伙人应当承担赔偿责任。

第七十七条　新入伙的有限合伙人对入伙前有限合伙企业的债务，以其认缴的出资额为限承担责任。

第七十八条　有限合伙人有本法第四十八条第一款第一项、第三项至第五项所列情形之一的，当然退伙。

第七十九条　作为有限合伙人的自然人在有限合伙企业存续期间丧失民事行为能力的，其他合伙人不得因此要求其退伙。

第八十条　作为有限合伙人的自然人死亡、被依法宣告死亡或者作为有限合伙人的法人及其他组织终止时，其继承人或者权利承受人可以依法取得该有限合伙人在有限合伙企业中的资格。

第八十一条　有限合伙人退伙后，对基于其退伙前的原因发生的有限合伙企业债务，以其退伙时从有限合伙企业中取回的财产承担责任。

第八十二条　除合伙协议另有约定外，普通合伙人转变为有限合伙人，或者有限合伙人转变为普通合伙人，应当经全体合伙人一致同意。

第八十三条　有限合伙人转变为普通合伙人的，对其作为有限合伙人期间有限合伙企业发生的债务承担无限连带责任。

第八十四条　普通合伙人转变为有限合伙人的，对其作为普通合伙人期间合伙企业发生的债务承担无限连带责任。

第四章　合伙企业解散、清算

第八十五条　合伙企业有下列情形之一的，应当解散：

（一）合伙期限届满，合伙人决定不再经营；

（二）合伙协议约定的解散事由出现；

（三）全体合伙人决定解散；

（四）合伙人已不具备法定人数满三十天；

（五）合伙协议约定的合伙目的已经实现或者无法实现；

（六）依法被吊销营业执照、责令关闭或者被撤销；

（七）法律、行政法规规定的其他原因。

第八十六条　合伙企业解散，应当由清算人进行清算。

清算人由全体合伙人担任；经全体合伙人过半数同意，可以自合伙企业解散事由出现后十五日内指定一个或者数个合伙人，或者委托第三人，担任清算人。

自合伙企业解散事由出现之日起十五日内未确定清算人的，合伙人或者其他利害关系人可以申请人民法院指定清算人。

第八十七条　清算人在清算期间执行下列事务：

（一）清理合伙企业财产，分别编制资产负债表和财产清单；

（二）处理与清算有关的合伙企业未了结事务；

（三）清缴所欠税款；

（四）清理债权、债务；

（五）处理合伙企业清偿债务后的剩余财产；

（六）代表合伙企业参加诉讼或者仲裁活动。

第八十八条　清算人自被确定之日起十日内将合伙企业解散事项通知债权人，并于六十日内在报纸上公告。债权人应当自接到通知书之日起三十日内，未接到通知书的自公告之日起四十五日内，向清算人申报债权。

债权人申报债权，应当说明债权的有关事项，并提供证明材料。清算人应当对债权进行登记。

清算期间，合伙企业存续，但不得开展与清算无关的经营活动。

第八十九条　合伙企业财产在支付清算费用和职工工资、社会保险费用、法定补偿金以及缴纳所欠税款、清偿债务后的剩余财产，依照本法第三十三条第一款的规定进行分配。

第九十条　清算结束，清算人应当编制清算报告，经全体合伙人签名、盖章后，在十五日内向企业登记机关报送清算报告，申请办理合伙企业注销登记。

第九十一条　合伙企业注销后，原普通合伙人对合伙企业存续期间的债务仍应承担无限连带责任。

第九十二条　合伙企业不能清偿到期债务的，债权人可以依法向人民法院提出破产清算申请，也可以要求普通合伙人清偿。

合伙企业依法被宣告破产的，普通合伙人对合伙企业债务仍应承担无限连带责任。

第五章　法律责任

第九十三条　违反本法规定，提交虚假文件或者采取其他欺骗手段，取得合伙企业登记的，由企业登记机关责令改正，处以五千元以上五万元以下的罚款；情节严重的，撤销企业登记，并处以五万元以上二十万元以下的罚款。

第九十四条　违反本法规定，合伙企业未在其名称中标明“普通合伙”、“特殊普通合伙”或者“有限合伙”字样的，由企业登记机关责令限期改正，处以二千元以上一万元以下的罚款。

第九十五条　违反本法规定，未领取营业执照，而以合伙企业或者合伙企业分支机构名义从事合伙业务的，由企业登记机关责令停止，处以五千元以上五万元以下的罚款。

合伙企业登记事项发生变更时，未依照本法规定办理变更登记的，由企业登记机关责令限期登记；逾期不登记的，处以二千元以上二万元以下的罚款。

合伙企业登记事项发生变更，执行合伙事务的合伙人未按期申请办理变更登记的，应当赔偿由此给合伙企业、其他合伙人或者善意第三人造成的损失。

第九十六条　合伙人执行合伙事务，或者合伙企业从业人员利用职务上的便利，将应当归合伙企业的利益据为己有的，或者采取其他手段侵占合伙企业财产的，应当将该利益和财产退还合伙企业；给合伙企业或者其他合伙人造成损失的，依法承担赔偿责任。

第九十七条　合伙人对本法规定或者合伙协议约定必须经全体合伙人一致同意始得执行的事务擅自处理，给合伙企业或者其他合伙人造成损失的，依法承担赔偿责任。

第九十八条　不具有事务执行权的合伙人擅自执行合伙事务，给合伙企业或者其他合伙人造成损失的，依法承担赔偿责任。

第九十九条　合伙人违反本法规定或者合伙协议的约定，从事与本合伙企业相竞争的业务或者与本合伙企业进行交易的，该收益归合伙企业所有；给合伙企业或者其他合伙人造成损失的，依法承担赔偿责任。

第一百条　清算人未依照本法规定向企业登记机关报送清算报告，或者报送清算报告隐瞒重要事实，或者有重大遗漏的，由企业登记机关责令改正。由此产生的费用和损失，由清算人承担和赔偿。

第一百零一条　清算人执行清算事务，牟取非法收入或者侵占合伙企业财产的，应当将该收入和侵占的财产退还合伙企业；给合伙企业或者其他合伙人造成损失的，依法承担赔偿责任。

第一百零二条　清算人违反本法规定，隐匿、转移合伙企业财产，对资产负债表或者财产清单作虚假记载，或者在未清偿债务前分配财产，损害债权人利益的，依法承担赔偿责任。

第一百零三条　合伙人违反合伙协议的，应当依法承担违约责任。

合伙人履行合伙协议发生争议的，合伙人可以通过协商或者调解解决。不愿通过协商、调解解决或者协商、调解不成的，可以按照合伙协议约定的仲裁条款或者事后达成的书面仲裁协议，向仲裁机构申请仲裁。合伙协议中未订立仲裁条款，事后又没有达成书面仲裁协议的，可以向人民法院起诉。

第一百零四条　有关行政管理机关的工作人员违反本法规定，滥用职权、徇私舞弊、收受贿赂、侵害合伙企业合法权益的，依法给予行政处分。

第一百零五条　违反本法规定，构成犯罪的，依法追究刑事责任。

第一百零六条　违反本法规定，应当承担民事赔偿责任和缴纳罚款、罚金，其财产不足以同时支付的，先承担民事赔偿责任。

第六章　附　　则

第一百零七条　非企业专业服务机构依据有关法律采取合伙制的，其合伙人承担责任的形式可以适用本法关于特殊的普通合伙企业合伙人承担责任的规定。

第一百零八条　外国企业或者个人在中国境内设立合伙企业的管理办法由国务院规定。

第一百零九条　本法自2007年6月1日起施行。

《中华人民共和国合伙企业登记管理办法》（2014 年修订）

（1997 年 11 月 19 日中华人民共和国国务院令第 236 号发布
2007 年 5 月 9 日国务院令第 497 号修订
2014 年 2 月 19 日国务院令第 648 号修订）

第一章　总　则

第一条　为了确认合伙企业的经营资格，规范合伙企业登记行为，依据《中华人民共和国合伙企业法》（以下简称合伙企业法），制定本办法。

第二条　合伙企业的设立、变更、注销，应当依照合伙企业法和本办法的规定办理企业登记。

申请办理合伙企业登记，申请人应当对申请材料的真实性负责。

第三条　合伙企业经依法登记，领取合伙企业营业执照后，方可从事经营活动。

第四条　工商行政管理部门是合伙企业登记机关（以下简称企业登记机关）。

国务院工商行政管理部门负责全国的合伙企业登记管理工作。

市、县工商行政管理部门负责本辖区内的合伙企业登记。

国务院工商行政管理部门对特殊的普通合伙企业和有限合伙企业的登记管辖可以作出特别规定。

法律、行政法规对合伙企业登记管辖另有规定的，从其规定。

第二章　设立登记

第五条　设立合伙企业，应当具备合伙企业法规定的条件。

第六条　合伙企业的登记事项应当包括：

（一）名称；

（二）主要经营场所；

（三）执行事务合伙人；

（四）经营范围；

（五）合伙企业类型；

（六）合伙人姓名或者名称及住所、承担责任方式、认缴或者实际缴付的出资数额、缴付期限、出资方式和评估方式。

合伙协议约定合伙期限的，登记事项还应当包括合伙期限。

执行事务合伙人是法人或者其他组织的，登记事项还应当包括法人或者其他组织委派的代表（以下简称委派代表）。

第七条　合伙企业名称中的组织形式后应当标明“普通合伙”、“特殊普通合伙”或者“有限合伙”字样，并符合国家有关企业名称登记管理的规定。

第八条　经企业登记机关登记的合伙企业主要经营场所只能有一个，并且应当在其企业登记机关登记管辖区域内。

第九条　合伙协议未约定或者全体合伙人未决定委托执行事务合伙人的，全体合伙人均为执行事务合伙人。

有限合伙人不得成为执行事务合伙人。

第十条　合伙企业类型包括普通合伙企业（含特殊的普通合伙企业）和有限合伙企业。

第十一条　设立合伙企业，应当由全体合伙人指定的代表或者共同委托的代理人向企业登记机关申请设立登记。

申请设立合伙企业，应当向企业登记机关提交下列文件：

（一）全体合伙人签署的设立登记申请书；

（二）全体合伙人的身份证明；

（三）全体合伙人指定代表或者共同委托代理人的委托书；

（四）合伙协议；

（五）全体合伙人对各合伙人认缴或者实际缴付出资的确认书；

（六）主要经营场所证明；

（七）国务院工商行政管理部门规定提交的其他文件。

法律、行政法规或者国务院规定设立合伙企业须经批准的，还应当提交有关批准文件。

第十二条　合伙企业的经营范围中有属于法律、行政法规或者国务院规定在登记前须经批准的项目的，应当向企业登记机关提交批准文件。

第十三条　全体合伙人决定委托执行事务合伙人的，应当向企业登记机关提交全体合伙人的委托书。执行事务合伙人是法人或者其他组织的，还应当提交其委派代表的委托书和身份证明。

第十四条　以实物、知识产权、土地使用权或者其他财产权利出资，由全体合伙人协商作价的，应当向企业登记机关提交全体合伙人签署的协商作价确认书；由全体合伙人委托法定评估机构评估作价的，应当向企业登记机关提交法定评估机构出具的评估作价证明。

第十五条　法律、行政法规规定设立特殊的普通合伙企业，需要提交合伙人的职业资格证明的，应当向企业登记机关提交有关证明。

第十六条　申请人提交的登记申请材料齐全、符合法定形式，企业登记机关能够当场登记的，应予当场登记，发给合伙企业营业执照。

除前款规定情形外，企业登记机关应当自受理申请之日起20日内，作出是否登记的决定。予以登记的，发给合伙企业营业执照；不予登记的，应当给予书面答复，并说明理由。

第十七条　合伙企业营业执照的签发之日，为合伙企业的成立日期。

第三章　变更登记

第十八条　合伙企业登记事项发生变更的，执行合伙事务的合伙人应当自作出变更决定或者发生变更事由之日起15日内，向原企业登记机关申请变更登记。

第十九条　合伙企业申请变更登记，应当向原企业登记机关提交下列文件：

（一）执行事务合伙人或者委派代表签署的变更登记申请书；

（二）全体合伙人签署的变更决定书，或者合伙协议约定的人员签署的变更决定书；

（三）国务院工商行政管理部门规定提交的其他文件。

法律、行政法规或者国务院规定变更事项须经批准的，还应当提交有关批准文件。

第二十条　申请人提交的申请材料齐全、符合法定形式，企业登记机关能够当场变更登记的，应予当场变更登记。

除前款规定情形外，企业登记机关应当自受理申请之日起20日内，作出是否变更登记的决定。予以变更登记的，应当进行变更登记；不予变更登记的，应当给予书面答复，并说明理由。

合伙企业变更登记事项涉及营业执照变更的，企业登记机关应当换发营业执照。

第四章　注销登记

第二十一条　合伙企业解散，依法由清算人进行清算。清算人应当自被确定之日起10日内，将清算人成员名单向企业登记机关备案。

第二十二条　合伙企业依照合伙企业法的规定解散的，清算人应当自清算结束之日起15日内，向原企业登记机关办理注销登记。

第二十三条　合伙企业办理注销登记，应当提交下列文件：

（一）清算人签署的注销登记申请书；

（二）人民法院的破产裁定，合伙企业依照合伙企业法作出的决定，

行政机关责令关闭、合伙企业依法被吊销营业执照或者被撤销的文件;

(三) 全体合伙人签名、盖章的清算报告;

(四) 国务院工商行政管理部门规定提交的其他文件。

合伙企业办理注销登记时,应当缴回营业执照。

第二十四条 经企业登记机关注销登记,合伙企业终止。

第五章 分支机构登记

第二十五条 合伙企业设立分支机构,应当向分支机构所在地的企业登记机关申请设立登记。

第二十六条 分支机构的登记事项包括:分支机构的名称、经营场所、经营范围、分支机构负责人的姓名及住所。

分支机构的经营范围不得超出合伙企业的经营范围。

合伙企业有合伙期限的,分支机构的登记事项还应当包括经营期限。分支机构的经营期限不得超过合伙企业的合伙期限。

第二十七条 合伙企业设立分支机构,应当向分支机构所在地的企业登记机关提交下列文件:

(一) 分支机构设立登记申请书;

(二) 全体合伙人签署的设立分支机构的决定书;

(三) 加盖合伙企业印章的合伙企业营业执照复印件;

(四) 全体合伙人委派执行分支机构事务负责人的委托书及其身份证明;

(五) 经营场所证明;

(六) 国务院工商行政管理部门规定提交的其他文件。

法律、行政法规或者国务院规定设立合伙企业分支机构须经批准的,还应当提交有关批准文件。

第二十八条 分支机构的经营范围中有属于法律、行政法规或者国务院规定在登记前须经批准的项目的，应当向分支机构所在地的企业登记机关提交批准文件。

第二十九条　申请人提交的登记申请材料齐全、符合法定形式，企业登记机关能够当场登记的，应予当场登记，发给营业执照。

除前款规定情形外，企业登记机关应当自受理申请之日起20日内，作出是否登记的决定。予以登记的，发给营业执照；不予登记的，应当给予书面答复，并说明理由。

第三十条　合伙企业申请分支机构变更登记或者注销登记，比照本办法关于合伙企业变更登记、注销登记的规定办理。

第六章　公示和证照管理

第三十一条　企业登记机关应当将合伙企业登记、备案信息通过企业信用信息公示系统向社会公示。

第三十二条　合伙企业应当于每年1月1日至6月30日，通过企业信用信息公示系统向企业登记机关报送上一年度年度报告，并向社会公示。

年度报告公示的内容以及监督检查办法由国务院制定。

第三十三条　合伙企业的营业执照分为正本和副本，正本和副本具有同等法律效力。

国家推行电子营业执照。电子营业执照与纸质营业执照具有同等法律效力

合伙企业根据业务需要，可以向企业登记机关申请核发若干营业执照副本。

合伙企业应当将营业执照正本置放在经营场所的醒目位置。

第三十四条　任何单位和个人不得伪造、涂改、出售、出租、出借或者以其他方式转让营业执照。

合伙企业营业执照遗失或者毁损的，应当在企业登记机关指定的报刊

上声明作废，并向企业登记机关申请补领或者更换。

第三十五条　合伙企业及其分支机构营业执照的正本和副本样式，由国务院工商行政管理部门制定。

第三十六条　企业登记机关吊销合伙企业营业执照的，应当发布公告，并不得收取任何费用。

第七章　法律责任

第三十七条　未领取营业执照，而以合伙企业或者合伙企业分支机构名义从事合伙业务的，由企业登记机关责令停止，处5000元以上5万元以下的罚款。

第三十八条　提交虚假文件或者采取其他欺骗手段，取得合伙企业登记的，由企业登记机关责令改正，处5000元以上5万元以下的罚款；情节严重的，撤销企业登记，并处5万元以上20万元以下的罚款。

第三十九条　合伙企业登记事项发生变更，未依照本办法规定办理变更登记的，由企业登记机关责令限期登记；逾期不登记的，处2000元以上2万元以下的罚款。

第四十条　合伙企业未依照本办法规定在其名称中标明“普通合伙”、“特殊普通合伙”或者“有限合伙”字样的，由企业登记机关责令限期改正，处2000元以上1万元以下的罚款。

第四十一条　合伙企业未依照本办法规定办理清算人成员名单备案的，由企业登记机关责令限期办理；逾期未办理的，处2000元以下的罚款。

第四十一条　合伙企业的清算人未向企业登记机关报送清算报告，或者报送的清算报告隐瞒重要事实，或者有重大遗漏的，由企业登记机关责令改正。由此产生的费用和损失，由清算人承担和赔偿。

第四十二条　合伙企业未将其营业执照正本置放在经营场所醒目位置

的，由企业登记机关责令改正；拒不改正的，处1000元以上5000元以下的罚款。

第四十三条　合伙企业涂改、出售、出租、出借或者以其他方式转让营业执照的，由企业登记机关责令改正，处2000元以上1万元以下的罚款；情节严重的，吊销营业执照。

第四十四条　企业登记机关的工作人员滥用职权、徇私舞弊、收受贿赂、侵害合伙企业合法权益的，依法给予处分。

第四十五条　违反本办法规定，构成犯罪的，依法追究刑事责任。

第八章　附　　则

第四十六条　合伙企业登记收费项目按照国务院财政部门、价格主管部门的有关规定执行，合伙企业登记收费标准按照国务院价格主管部门、财政部门的有关规定执行。

第四十七条　本办法自发布之日起施行。